Alex Graas / Herbert Wiesenhofer
Mit einem Vorwort von Keith Preston

GOLF
OHNE HANDICAP

DIE VIER STUFEN AUF DEM WEG ZU IHRER PERSÖNLICHEN BESTLEISTUNG: KÖRPER · PSYCHE · TECHNIK · ERNÄHRUNG

Verlag Orac
WIEN · MÜNCHEN · ZÜRICH

Wir danken dem Golf Club Donnerskirchen, A-7082 Donnerskirchen, für die freundliche Genehmigung zu Außenaufnahmen.

ISBN 3-7015-0221-8

Umschlaggestaltung: Fritz Gnan
Grafiken, soweit nicht anders angegeben, von Johann Wiesenhofer
Layout: Alfred Hoffmann
Lektorat: Dr. Wolfram Bayer
Satz und Scans: Laudenbach, Wien
Druck und Bindung: Wiener Verlag, Himberg bei Wien

INHALTSVERZEICHNIS

VORWORT

von Keith Preston, Trainer der österreichischen Nationalmannschaft

Dies ist ein ernstzunehmendes Buch für ernstzunehmende Golfer. Es enthält die gesammelten Erfahrungen seiner beiden Autoren, meines langjährigen Assistenten Alex Graas und des Motodiagnostikers und Sporttherapeuten Herbert Wiesenhofer.

Als ich Alex kennenlernte, war ich sofort von seiner Wißbegierde beeindruckt. Sie ist ihm bis heute geblieben, ja er hat sich zu einem ausgezeichneten und enthusiastischen Vermittler von Golf-Wissen weiterentwickelt. Manchmal – und das ist wirklich meine einzige Kritik an seiner Arbeit – verführt ihn sein Enthusiasmus allerdings auch dazu, in eine Trainingsstunde allzuviel Know-how verpacken und an den Mann oder die Frau bringen zu wollen . . . Deshalb schlug ich ihm eines Tages halb zum Spaß vor, einfach alles niederzuschreiben und an seine Schüler nach der Stunde auszuteilen. Diese Anregung hat er sich, wie man sieht, zu Herzen genommen, und es freut mich zu sehen, wie gut und vor allem praxisnah beide Autoren gearbeitet haben.

Wir alle wissen, daß über den Golfsport und vor allem über Golftraining schon allzu viele Bücher geschrieben wurden. Ich selbst besitze über 300 Golfbücher, deren Methoden stark voneinander abweichen. Dieses Buch bemüht sich deshalb nicht um eine eigene, komplette Methode, sondern liefert spezifischere und vollständigere Information über Themen wie Ausgleichsgymnastik, Schnellkrafttraining, Beweglichkeits- und Koordinationstraining, Stretching und mentale Vorbereitung, als bisher in einem Band Platz hatte. Mit „Golf ohne Handicap“ werden sie sich daher auch intensiver auseinandersetzen müssen als mit einem anderen Buch (ich gestehe, daß mir das Glossar im Anhang beim Lesen wertvolle Dienste geleistet hat, was die Lektüre aber nur umso interessanter machte!). Sobald Sie aber die hier dargestellten Zusammenhänge verstanden haben, ist die Schlacht – und vielleicht auch das nächste Spiel – schon halb gewonnen!

Golf ist ein Sport für jedermann, ob Mann, Frau oder Kind, ob groß oder klein, dick oder dünn. Für ein gutes Spiel „ohne Handicap“ bedarf es aber mehr als einer korrekten Schwungtechnik: Jeder Golfer sollte über die körperlichen und mentalen Aspekte des Spiels Bescheid wissen und sein Training auf seine individuellen Bedürfnisse abstimmen können. Denn die oftmalige Wiederholung bestimmter Bewegungsabläufe löst oft, wie jeder Golfer weiß, Beschwerden im Wirbelsäulenbereich, in den Schultern oder Gelenken aus. Derartige Handicaps zu verhindern, ist ein Anliegen dieses Buches; wenn Sie also Ihr Golfspiel – und Ihr Training! – wirklich ernst nehmen wollen, empfehle ich Ihnen, es aufmerksam zu lesen.

Keith Preston

EINLEITUNG

Dies ist kein Golfbuch im üblichen Sinn. Es behandelt nicht Fragen der klassischen Golftechnik (Griffstellung, Ansprechposition, Schwungbewegung etc.), sondern zeigt Wege und Möglichkeiten auf, wie man durch spezielle Trainingsübungen seine persönliche Technik, Kondition und damit seine Leistung noch weiter verbessern kann. „Golf ohne Handicap" beinhaltet Programme eines funktionellen Trainings zum Erreichen der individuellen Bestleistung. Die optimale Umsetzung der wissenschaftlichen Erkenntnisse auf dem Gebiet der modernen Trainingslehre ist für jeden Golfer, ob Anfänger oder Tourspieler, von äußerster Wichtigkeit.

Im Golfsport werden die konditionellen Fähigkeiten der Kraft, Schnellkraft, Ausdauer, Beweglichkeit und Gewandtheit traditionellerweise sehr wenig und oft falsch trainiert. Technik und Taktik standen bislang weit mehr im Mittelpunkt als das physische und psychische Leistungsvermögen des Golfers.

Golfspielen bringt oftmalige bis tausendfache Wiederholungen bestimmter Bewegungsabläufe mit sich, die negative Reaktionen im Sinne muskulärer Dysbalancen auslösen können. Dies kann zu Beschwerden im gesamten Bereich der Wirbelsäule, in den Schultergelenken, am Ellbogen und im Knie- und Fußgelenksbereich führen, wenn keine gezielte Ausgleichsgymnastik betrieben wird. Ein präventives Trainingsprogramm schafft hier Abhilfe.

Viel schlimmer ist es aber, wenn der Golfspieler bereits Haltungsprobleme hat. Es wird ihm dann schwerfallen, einen ökonomisch körperschonenden Schwung auszuführen, da er technisch zu Ausgleichsbewegungen gezwungen wird. Speziell solchen Golfern wird ein individuelles korrektives Gymnastikprogramm (z. B. mit Hilfe der neuen GVS-Methode, siehe S. 182 ff.) helfen, eine ökonomische und schmerzfreie Schwungbewegung zu erreichen.

Leistungsoptimierend wird ein allgemeines und spezifisches Konditionstraining im Golfsport kaum oder oft falsch durchgeführt: Die nötige Kondition versucht man sich beim Golfen durch das Schwingen selbst anzueignen. Die zusätzlich verwendeten, traditionellen Übungen (Windmühle, wippende Rumpfbeugen vor- und rückwärts, schnelles Schulterkreisen, Beckenkreisen etc.) lösen oft alte oder neue Beschwerden aus. Deshalb sollten zur Leistungssteigerung nur wirklich funktionelle Trainingsübungen verwendet werden.

Fehler werden aber auch im mentalen Bereich gemacht. Wie oft hört man von Golfspielern nach einem Turnier Äußerungen wie:

- „Ich brauche einen anderen Putter."
- „Mit den Schlägern kann ich nur einen Slice schlagen."
- „Der Platz liegt mir nicht."
- „Ich hasse die Bunker – der Sand ist zu weich."
- „Ich treffe meinen neuen Driver nicht mehr."
- „Das langsame Spiel meines Partners hat mich aus meinem Rhythmus gebracht."

- „Es war heute zu windig für mich."
- „Mir tut mein Kreuz so weh."
- „Die Grüns sind eine Katastrophe."
- „Das Rough ist zu hoch."

Viele Golfer finden immer mechanische oder externe Störgrößen, wenn sie schlecht spielen. Andere Golfer haben von Natur aus eine pessimistische Einstellung; ihre Äußerungen lauten folgendermaßen:

- „Ich kann nicht mehr putten."
- „Ich mache nur Schulterschläge."
- „Ich kann keine Annäherungsschläge mehr machen."
- „Ich toppe jeden Schlag."
- „Ich bin zu blöd für dieses Spiel."
- „Ich mag nicht mehr."

Genaugenommen haben alle diese und ähnliche Aussagen eine einzige Ursache – das eigene Unvermögen: Diese beiden Golfer-Gruppen haben sich selbst besiegt. Denn im Grunde ist jeder für sich selbst der härteste Gegner!
Im technischen Bereich ergeben sich folgende Probleme: Es trainiert zwar jeder Technik, aber meistens ohne System, d. h. man arbeitet zum Beispiel ohne Rückmeldung (Feedback) und weiß nicht, warum der eine Schlag gelingt und der andere mißlingt. Andererseits muß man sich fragen, ob die erlernte Technik für einen überhaupt die richtige Technik ist; man soll zum Beispiel kein umgekehrtes C *(reverse C)* im Finish machen, wenn man Kreuzschmerzen hat.Daraus ergibt sich das Grundproblem: Wie findet man die für sich selbst geeignetste Technik? Die Lösung dafür liegt in einem funktionellen Körpertraining und in einem individuelleren Techniktraining.
Im Anschluß daran werden Ernährungsfragen für Golfspieler angesprochen. Was wir essen und trinken, ist verantwortlich für unsere Energiezufuhr. Erfolgt diese Energiezufuhr mangelhaft oder einseitig, ist es unmöglich, sein maximales Leistungspotential zu erreichen. Einige Tips und Ratschläge sollen deshalb helfen, mögliche Ernährungsfehler zu vermeiden.
Der letzte Teil des Buches besteht aus 43 Übungen, die für golfspezifisches Aufwärm-, Kraft-, Schnellkraft-, Beweglichkeits- und Gewandtheitstraining erstellt wurden. Um sie sinnvoll durchführen zu können, sollte man über seinen persönlichen aktuellen Leistungsstatus Bescheid wissen.
Sportwissenschaftliche und golferische Fachbegriffe werden im Glossar am Ende des Buches erklärt.

Wir danken Herrn Dr. Nikolaus („Niki") Breisach für wertvolle Impulse; ohne ihn hätte dieses Buch nicht entstehen können.

Die Autoren

DAS ANFORDERUNGSPROFIL DES GOLFERS

Im Golfsport gibt es vier fundamentale Voraussetzungen zum Erreichen der persönlichen Bestleistung.

Die erste Voraussetzung ist der Körper

Das ideale biometrische Anforderungsprofil eines Golfers sieht folgendermaßen aus:

- kräftige und kurze Beine
- langer und kräftiger Oberkörper
- lange und schnellkräftige Arme.

Die kräftigen und kurzen Beine helfen bei der Stabilisierung des Körpers während der Drehbewegung. Die Kraft in den Beinen unterstützt die Balance beim Schwingen, und kurze Beine ermöglichen einen tiefen Körperschwerpunkt.
Ein langer Oberkörper bewirkt eine bessere Mobilität der Wirbelsäule bei der Drehbewegung, ein kräftiger Oberkörper ermöglicht eine Vergrößerung der Zentrifugalkraft des Schlägerkopfes.
Lange Arme bieten eine größere Hebelwirkung, und die Schnellkraft in den Armen hilft bei der Beschleunigung des Schlägerkopfes.
Diese golfbiometrischen Vorteile besitzen leider nur sehr wenige Menschen. Das sollte aber kein Grund zum Resignieren sein, da durch ein funktionelles Körpertraining biometrische und konditionelle Nachteile auf ein Minimum reduziert werden können.

Die zweite Voraussetzung ist die Psyche

Das ideale mentale Anforderungsprofil des Golfers umfaßt mehrere intrapersonelle Verhaltensweisen:

- Motivation
- Konzentrationsfähigkeit
- Geduld
- Wille
- Entscheidungsfreudigkeit
- Selbstbeherrschung
- Einsicht
- Verzichtfähigkeit
- intellektuelle Fähigkeiten.

Der Golfsport verlangt ein überlegtes, strategisches Denken; dieses wird wesentlich von der psychischen Verfassung beeinflußt. Der Golfer muß da-

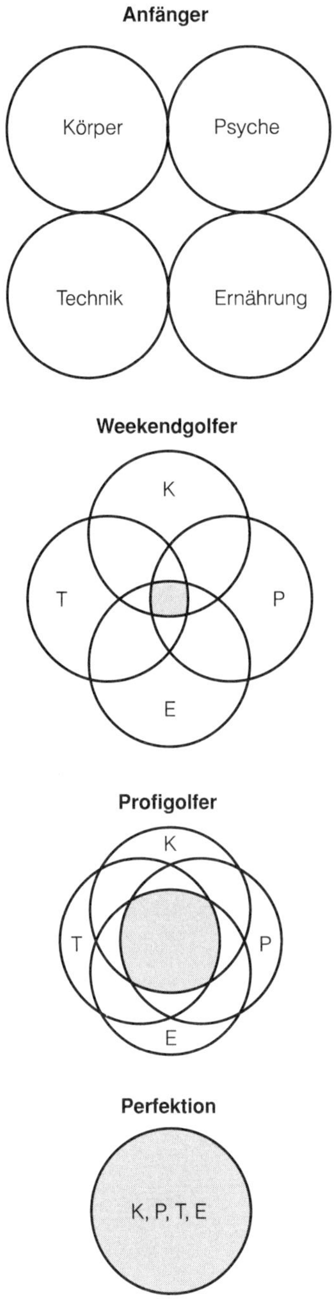

Abb. 1:
Darstellung der vier fundamentalen Voraussetzungen im Golfsport

her eine größtmögliche Kontrolle über seine Psyche haben, um ein Maximum aus seinem körperlichen und technischen Potential herauszuholen.

Die dritte Voraussetzung ist die Technik

Das ideale technische Anforderungsprofil beinhaltet eine Summe von verschiedenen Talenten:

- Ballgefühl
- Beweglichkeit
- Gewandtheit
- Rhythmusgefühl
- Visualisierungsfähigkeit
- Lernfähigkeit.

Je besser diese Fähigkeiten ausgebildet sind, desto leichter und schneller kann die geeignetste Technik erlernt werden. Diese antrainierte und individuelle Technik garantiert einen einfachen und deshalb ökonomischen Golfschwung, der aber auch von Körperbau und Charakter stark beeinflußt wird.

Die vierte Voraussetzung ist die Ernährung

Die ideale Ernährung für Golfer setzt sich aus folgenden energieliefernden Nährstoffen zusammen:

- 56% Kohlenhydrate
- 16% Eiweiß
- 28% Fette

Außerdem soll der Golfer ausreichend Flüssigkeit zu sich nehmen und sich mit Kalium und Magnesium versorgen. Diese zwei Mineralstoffe sind für eine gute Muskel- und Nerventätigkeit entscheidend mitverantwortlich. Auch Vitamine sollten dem Körper ausreichend zugeführt werden, z. B. Vitamin B_1 und Vitamin C, um gegen Konzentrationsschwächen und Ermüdungserscheinungen vorzubeugen.
Nur die Einheit dieser vier Voraussetzungen im Sinne einer Symbiose ermöglicht eine optimale und maximale Leistungsfähigkeit eines jeden Golfers. Nur er kann entscheiden, wo seine persönlichen Grenzen liegen: Sieg oder Niederlage, Erfolg oder Mißerfolg, dies alles liegt in seiner Hand. Nur wenn er bereit ist, seine persönlichen (physischen oder psychischen) Handicaps wahrzunehmen und zu überwinden, wird er zu seinem besten Spiel finden können.

DER KÖRPER DES GOLFERS

DER HALTUNGS- UND BEWEGUNGSAPPARAT

Die aufrechte Haltung des Menschen wird anatomisch von einem Knochen-, Band- und Muskelsystem getragen. Diese drei Systemeinheiten bilden biomechanisch einen komplexen Verspannungsapparat, in dem Druck-, Zug- und Scherkräfte einander ergänzen. Insbesonders die *Wirbelsäule* hat bezüglich der Haltung eine zentrale Bedeutung, da sie in Ruhe und in Bewegung den gesamten Belastungsdruck und sämtliche Drehmomente neutralisieren muß.
Deshalb steht die Wirbelsäule im Mittelpunkt des Geschehens, da ihre Funktion für das individuelle Leistungvermögen des Golfers von zentraler Bedeutung ist.

Das Knochensystem

Statisch übernimmt diese Systemeinheit eine Trage-, Halte- und Stützfunktion. Als dynamisches System dient es als Muskelansatz- und Ursprungspunkt in einem komplexen Hebelsystem.
Betrachtet man die Wirbelsäule von vorn und von hinten, hat sie die Form eines geraden Stabes. Von der Seite betrachtet, zeigen sich vier Krümmungen, die in ihrer Gesamtheit ein doppeltes „S“ ergeben. Zwischen den einzelnen Wirbelkörpern liegen die Bandscheiben.
Die Bandscheiben sind nicht durchblutet. Sie ernähren sich durch Diffusion (Stoffaustausch). Werden sie zusammengedrückt, kommt es zur Abgabe von Flüssigkeit, werden sie entlastet, saugen sie sich wieder mit Flüssigkeit an. Aufgrund dieser Funktionen dienen sie als Puffer („Stoßdämpfer“) zwischen zwei Wirbelkörpern.

Das Bandsystem

Das Bandsystem ist eine weitere funktionelle Einheit zur Stabilisation und Durchführung von Haltung und Bewegung. Die Bänder haben die Aufgabe, die Gelenke zu stabilisieren; die Sehnen hingegen haben als Bindegewebe der Muskeln eine kraftübertragende Funktion. Werden Bänder und Sehnen durch wippende Dehntechniken *(ballistic stretching)* beansprucht, können Verschleißerscheinungen auftreten. Die Folgen dieser Überbelastung sind Schlottergelenke. Schlottrige Gelenke sind ein Zeichen für Hypermobilität, die einerseits golftechnisch eine Instabilität der Schwungbewegung mit sich bringt und andererseits, speziell im Bereich der Wirbelsäule, für Schmerzsyndrome verantwortlich ist.

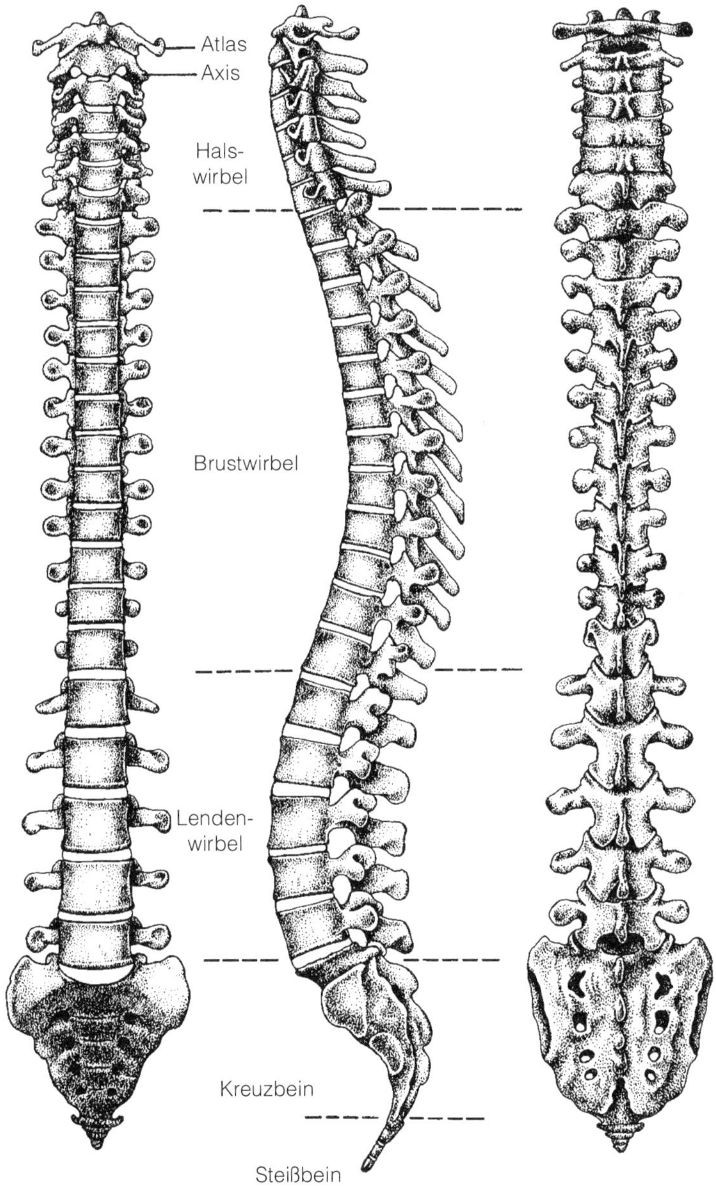

Abb. 2:
Ansichten der Wirbelsäule (vorne, Seite, hinten)

Quelle: A. Stoddard, Leben ohne Rückenschmerzen. TRIAS – Thieme Hippokrates Enke, Stuttgart 1982, S. 16.

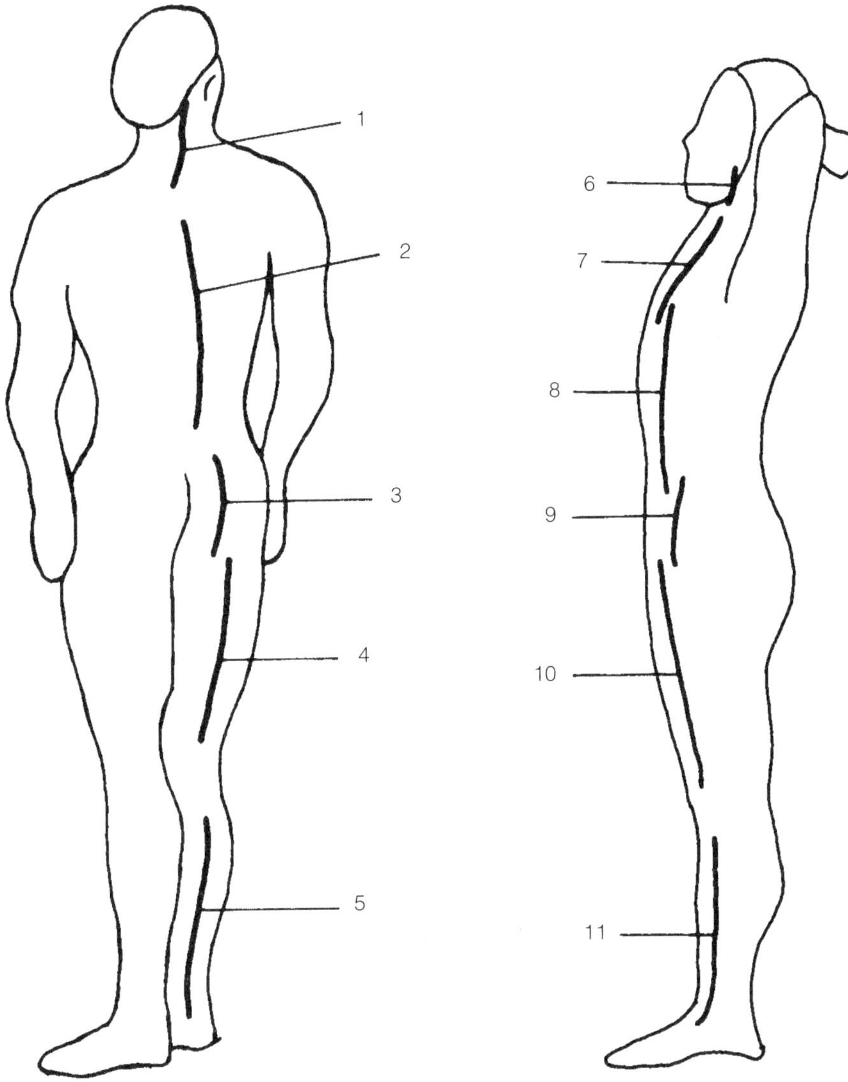

1 Nackenmuskel
2 Rückenstrecker
3 Gesäßmuskel
4 hintere Oberschenkelmuskulatur
5 Wadenmuskulatur
6 Kopfwender

7 Rippenzwischenmuskel
8 Bauchmuskulatur
9 Hüftbeuger
10 vordere vierköpfige Oberschenkelmuskulatur
11 vordere Schienbeinmuskulatur

Abb. 3:
Schematische Darstellung der hinteren und vorderen Muskelschlinge

Das Muskelsystem

Aus biomechanischer Sicht ergibt sich die aufrechte Haltung des Menschen aus dem Gleichgewicht zwischen körpereigenen Kräften und der Erdanziehungskraft: Die körpereigene Kraft wirkt über das Muskelsystem der Schwerkraft entgegen. Versagt die Muskulatur, ist sie nicht mehr in der Lage, die Erdanziehungskraft zu kompensieren. Dies führt zu den weitverbreiteten Haltungsschwächen, die durch einseitige Arbeits- und Sportbelastungen hervorgerufen werden.

Die für die aufrechte Haltung wichtigste Muskelschlinge liegt hinter der Wirbelsäule. Diese Muskelkette besteht aus der Nackenmuskulatur, aus dem Rückenstrecker, der Gesäßmuskulatur, dem zweiköpfigen hinteren Oberschenkelmuskel, dem Halbsehnenmuskel und zuletzt aus der Wadenmuskulatur; sie verbindet den Kopf mit dem Becken, verhindert ein Kippen des Beckens nach vorne und hilft beim Ausbalancieren der Rumpflast mit.

Die Muskelschlinge vor der Wirbelsäule setzt sich aus dem Kopfwender, den Rippenzwischenmuskeln, der Bauchmuskulatur, dem Hüftbeuger, der vorderen vierköpfigen Oberschenkelmuskulatur, dem Schneidermuskel und dem vorderen Schienbeinmuskel zusammen.

Die Arbeitsweise der Muskulatur

Die Hauptaufgabe der Muskulatur liegt in ihrer Halte- und Bewegungsfunktion. Die allgemeine Eigenschaft des Muskels ist die Kontraktion der Muskelfasern, bei der mechanische Arbeit geleistet wird. Eingeleitet wird jede Kontraktion durch einen Nervenimpuls.

Bezüglich der Muskelkontraktion lassen sich im Muskel zwei verschiedene Fasertypen unterscheiden. Die langsam kontrahierenden ST-Fasern (slow-twitch) als *Fasertyp I.* Sie beinhalten viel Myoglobin und werden daher auch „rote" Fasern genannt. *Fasertyp II* sind die schnell kontrahierenden FT-Fasern (fast-twitch), die als „weiße" Muskelfasern bezeichnet werden, da sie einen geringen Gehalt an Myoglobin aufweisen.

Der Fasertyp II wird je nach Energiegewinnung in zwei weitere Typen gegliedert. Dies sind die *FTO-Fasern* (Typ IIa) und die *FTG-Fasern* (Typ IIb). Die Energieversorgung erfolgt bei den ST-Fasern und bei den FTO-Fasern oxydativ, d. h. es erfolgt eine Verbrennung von Fettsäuren und Glucose mit Hilfe von Sauerstoff, wodurch diese zwei Fasertypen gegen Ermüdung relativ resistent sind. Hingegen werden die FTG-Fasern schneller müde, da ihr Energiehaushalt durch die Glykose bestimmt wird und dieser Spaltungsprozeß ohne Sauerstoff stattfindet.

Alle Fasertypen sind in einem Muskel vertreten. Eine Type als Reinform kommt beim Menschen nicht vor. Muskeln, die eine Haltefunktion zu erfüllen haben, setzen sich in erster Linie aus ST-Fasern zusammen, Muskeln, die vor allem dynamische Arbeit verrichten, vorwiegend aus FT-Fasern.

Nach ihrer genetischen Struktur unterscheidet man drei Muskelgruppen:
Tonische Muskulatur: Diese Muskeln erfüllen eine Haltefunktion, ermüden später, haben mehr Anteile an ST-Fasern, neigen zur Verkürzung und tendieren zu einer mäßigen Kontraktionsgeschwindigkeit.
Phasische Muskulatur: Sie erfüllen eine Bewegungsfunktion, ermüden früher, haben mehr Anteile an FT-Fasern und weisen eine größere Kontraktionsgeschwindigkeit auf.
Intermediärtyp (Mischform): Mischung von tonischer und phasischer Muskulatur.

Die Erkenntnisse über Verkürzung und Abschwächung von Muskelgruppen sind für den Golfer, egal ob Anfänger, Fortgeschrittener oder Pro, wesentliche Faktoren, da sie für die gesamte Trainingspraxis von entscheidender Bedeutung sind.

Jede Muskulatur ist zu zwei verschiedenen Arbeitsweisen fähig, zu dynamischer und zu statischer Muskelarbeit. Entsprechend diesen beiden Arbeitsweisen unterscheidet man auch drei verschiedene Kontraktionsformen:

Erstens die *isometrische Kontraktion,* bei der die Länge des Muskels unverändert bleibt, aber die Spannung sich erhöht.
Zweitens die *isotonische Kontraktion,* bei der die Spannung konstant bleibt, die Länge sich aber verändert.
Drittens die *auxotonische Kontraktion,* bei der sich ein Muskel verkürzt und synchron dazu die Spannung ständig reguliert wird. Es handelt sich dabei um eine Mischform von isometrischer und isotonischer Kontraktion, die auch in der Praxis am häufigsten vorkommt.

Die dynamische Muskelarbeit besteht aus auxotonischer Kontraktion und die statische Muskelarbeit aus isometrischer Kontraktion. Die Formen der Muskelarbeit sind entweder beschleunigend (konzentrisch, „überwindend“) oder bremsend (exzentrisch, „nachgebend“).
Ferner muß berücksichtigt werden, daß eine Bewegung keine Leistung einzelner Muskeln ist, sondern stets auf dem gemeinsamen Funktionieren von Agonisten und Antagonisten beruht. Agonisten bestimmen gemeinsam eine Bewegungsrichtung. Antagonisten bremsen als „Gegenspieler“ den von den Agonisten eingeleiteten Bewegungsablauf. Bei unterschiedlichen Bewegungsrichtungen können die Rollen von Agonisten und Antagonisten blitzschnell gewechselt werden.

Beim Golfschwung wird zu Beginn der Ausholbewegung (Rückschwung) die Bewegung durch Agonisten beschleunigend eingeleitet. Am Ende der Rückschwungphase wird die Bewegung durch Antagonisten gebremst. Die Antagonisten werden in der darauffolgenden Abschwungphase zu Agonisten, da sie den Abschwung beschleunigend durchführen. In der Endphase des Schwunges (Finish) wird die Bewegung durch die Antagonisten gebremst, die zu Beginn der Rückschwungphase als Agonisten wirkten.

DIE GOLFMUSKELN: FUNKTIONEN UND TRAININGSFORMEN

Dieser Abschnitt behandelt jene Muskelgruppen, die für die Durchführung des Golfschwunges eine entscheidende Rolle spielen. Im Mittelpunkt steht dabei das Training der spezifischen Golfmuskulatur und vor allem der speziellen motorischen Fähigkeiten (Kraft, Schnellkraft, Beweglichkeit) der einzelnen Muskeln.
Bei der Klassifikation der Golfmuskeln werden in der Sportpraxis immer jene Bereiche betrachtet, die primär am Bewegungsablauf beteiligt sind. Dabei unterscheidet man 5 Bereiche:

- der Rumpf als Körperzentrum
- der Schultergürtel
- die oberen Extremitäten (Arme, Hände und Kopf)
- der Beckenbereich mit Hüft- und Oberschenkelmuskulatur
- die unteren Extremitäten (Unterschenkel und Füße).

Geht man vom golfspezifischen Bewegungsablauf aus, sind folgende Muskelgruppen primär für eine optimale Schwungbewegung von Bedeutung:

1. **Rumpfbereich** – Muskulatur, welche die Wirbelsäule fixiert und bewegt.

- gerade Bauchmuskulatur
- schräge Bauchmuskulatur
- Rückenstrecker

2. **Schultergürtel** – Muskulatur, die die Arme und den Schultergürtel bewegt.

- Brustmuskulatur
- Obergrätenmuskel
- Untergrätenmuskel
- kleiner Rundmuskel
- Unterschulterblattmuskel
- Hakenarmmuskel
- Deltamuskel

3. **Obere Extremitäten**

- Armstrecker
- Einwärtsdreher im Unterarmbereich
- Auswärtsdreher im Unterarmbereich

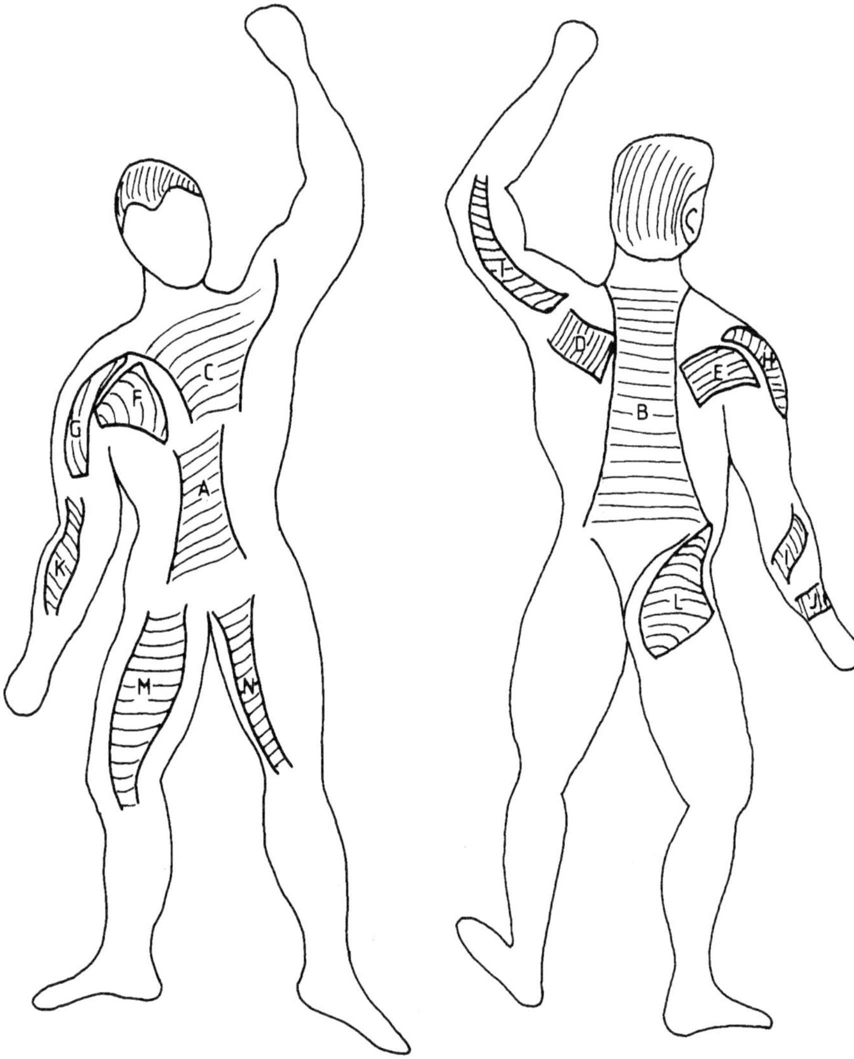

A	Bauchmuskulatur	H	Deltamuskel
B	Rückenstrecker	I	Armstrecker
C	Brustmuskulatur	J	Einwärtsdreher
D	Ober- und Untergrätenmuskel	K	Auswärtsdreher
E	Kleiner Rundmuskel	L	Gesäßmuskulatur
F	Unterschulterblattmuskel	M	Muskeln der Oberschenkelvorderseite
G	Hakenarmmuskel	N	Adduktoren

Abb. 4:
Schematische Darstellung der primären Golfmuskulatur

4. Beckenbereich mit Hüft- und Oberschenkelmuskulatur

- Gesäßmuskulatur
- Muskulatur der Oberschenkelvorderseite
- Adduktoren

5. Untere Extremitäten

Die Muskulatur des unteren Bein- und Fußbereiches sollte allgemein gekräftigt werden, um schwungtechnische Stabilität für den Oberkörper zu gewährleisten.

Wie trainiert man die Golfmuskulatur?

Bauchmuskulatur: Die gerade und schräge Bauchmuskulatur stabilisiert das Becken beim Schwingen und unterstützt maßgeblich die Drehbewegung. Das Training der gesamten Bauchmuskulatur erfordert ein Krafttraining im Sinne eines Muskelaufbauprogrammes zwischen 40 bis 80% der Maximalleistung und ein intramuskuläres Koordinationstraining.

Rückenstrecker: Die Aufgabe dieser Muskelgruppe ist die Streckung der Wirbelsäule und somit die Aufrichtung des Rumpfes. Beim Golfen wird die Gruppe der Rückenstrecker von der Ansprechposition bis zur vollen Schwungbewegung ständig beansprucht. Speziell beim Putten kommt es zu einer Überlastung dieser Muskeln im mittleren BWS-Bereich.
Das Training der Rückenstrecker im BWS-Bereich verlangt ein Muskelaufbautraining zwischen 40 bis 80%. Die Muskulatur im LWS-Bereich bedarf einer Dehnung, um die Beckenstabilisation aufrechtzuerhalten.

Brustmuskulatur: Sie ist ein wichtiger Faktor beim Schwingen der Arme, da sie das Senken und Innenrotieren der Arme während der Schwungbewegung kontrolliert und beschleunigt.
Das Training der Brustmuskulatur verlangt ein Muskelaufbauprogramm zwischen 40 bis 80% zur Steigerung der Kraft. Dies ermöglicht eine günstige Voraussetzung für das notwendige Schnellkrafttraining.

Obergrätenmuskel und Untergrätenmuskel: Funktionell gesehen, abduzieren (senken) sie die Arme und rotieren diese nach außen. Bei der Schwungbewegung kommt vor allem die Außenrotation in der Rückschwungphase rechts und in der Endphase links zur Wirkung. Dabei entwickelt der Untergrätenmuskel die stärkste außenrotatorische Kraftentfaltung (Endphase).
Hier sind Krafttraining und Schnellkrafttraining erforderlich.

Kleiner Rundmuskel: Seine Funktion ist allgemein die Adduktion und Außenrotation der Oberarme. Beim Golfen erfüllt er die gleiche Funktion wie der Obergräten- und Untergrätenmuskel.
Für die optimale Schwungbewegung benötigt dieser Muskel ein Kraft- und Schnellkrafttraining.

Unterschulterblattmuskel: Er bewirkt eine Adduktion und Innenrotation der Arme und vermag sie nach unten zu ziehen. Golfspezifisch wirkt er in allen Phasen des Schwunges.
Trainingsbereich: Kraft- und Schnellkrafttraining.

Hakenarmmuskel: Er besitzt eine ähnliche Funktion wie der Unterschulterblattmuskel, da auch er die Arme adduziert und innenrotiert und während des gesamten Schwunges aktiv ist.
Trainingsbereich: Kraft- und Schnellkrafttraining.

Deltamuskel: Dieser Muskel unterteilt sich wegen seiner großen Ursprungsfläche in einen vorderen, mittleren und hinteren Teil. Der vordere Teil hebt den Arm nach vorne und rotiert ihn nach innen. Der mittlere Teil hebt den Arm zur Seite hoch, und der hintere Teil hebt den Arm nach hinten und rotiert ihn nach außen.
Golfspezifisch arbeitet bei einem ökonomisch ausgeführten Schwung hauptsächlich nur der vordere und hintere Teil des Deltamuskels. Der vordere Anteil wird wegen seiner Innenrotation benötigt, der hintere Anteil wegen seiner Außenrotation.
Trainingsbereich: Kraft- und Schnellkrafttraining.

Armstrecker: Seine Hauptfunktion ist die Streckung des Ellenbogengelenkes. Dies trifft auch bei der Schwungbewegung zu, es muß aber darauf geachtet werden, daß es zu keiner Überstreckung im Ellenbogengelenk kommt.
Trainingsbereich: Kraft- und Schnellkrafttraining.

Einwärtsdreher: Ihre Funktion ist die Innenrotation der Unterarme. Er wirkt währenddes Schwunges vor allem vor und nach dem Treffmoment.
Trainingsbereich: Kraft- und Schnellkrafttraining.

Auswärtsdreher: Ihre Funktion ist die Außenrotation der Unterarme. Beim Golfen wird er vor und nach dem Treffmoment wirksam.
Trainingsbereich: Kraft- und Schnellkrafttraining.

Gesäßmuskulatur: Die große, kleine und mittlere Gesäßmuskulatur hat infolge ihrer unterschiedlichen Faseranteile viele Funktionen: Streckung der Hüftgelenke, Außen- und Innenrotation sowie Abduktion und Adduktion der Beine. Vor allem sorgt diese Muskulatur synergistisch mit der Bauchmuskulatur für die Stabilisation des Beckens.

Golfspezifisch wirken alle Teile der Gesäßmuskulatur während der gesamten Schwungphase als Stabilisatoren.
Trainingsbereich: Muskelaufbautraining zwischen 40–80%.

Muskulatur der Oberschenkelvorderseite: Diese Muskulatur setzt sich aus mehreren Muskeln zusammen, die zweigelenkige Funktionen haben, d. h. sie beugen im Hüftgelenk und strecken im Kniegelenk. Überdies wirken sie bei der Innenrotation und Außenrotation sowie bei der Abduktion und Adduktion der Beine mit.
Golfspezifisch wirken sie bei der Stabilisation des Gleichgewichtes mit und sind eine zusätzliche Kraftquelle für den Schub der Arme. Insbesonders dem vierköpfigen Schenkelstrecker kommt bei dieser Muskelgruppe die Hauptaufgabe zu.
Trainingsbereich: Muskelaufbautraining zwischen 40–80%.

Adduktoren: Die Adduktoren befinden sich an der Innenseite der Oberschenkel und haben eine statische und dynamische Funktion. Die dynamische Funktion bewirkt ein Schließen der Beine, und die statische Komponente liegt in der Aufrechterhaltung der Balance, da die Rumpflast ständig durch die Beckenstellung reguliert wird. Durch weitere Funktionen der Beugung und Streckung im Hüftgelenk sowie der Außen- und Innenrotation ermöglichen sie eine konstante Regulation des Beckens. Während der Schwungbewegung dienen die Adduktoren als Balanceregelung des Körpers und beschleunigen die Beckendrehung.
Trainingsbereich: Muskelaufbautraining zwischen 40–80%.

BELASTUNGSANALYSE DES GOLFSCHWUNGES

Der Golfschwung als komplexer Bewegungsablauf stellt infolge seiner hohen Dynamik hohe Anforderungen an Gelenke, Wirbelsäule, Muskulatur, Bänder und Sehnen. Der Golfsport stellt jedoch bezüglich der dabei auftretenden Belastungen keine Ausnahme unter den Sportarten dar. Jede Sportart hat spezifische Belastungsstrukturen. Im Fußball ist es der Beinbereich, im Handball sind es die Schultern und Arme, im Radsport die Hals- und Brustwirbelsäule, im Tennis der Schulter-, Nacken-, Kreuz- und Kniegelenksbereich, beim Jogging der Fuß-, Knie- und Hüftgelenksbereich, beim Schifahren werden vor allem Kniegelenke, der Beckenbereich und die Lendenwirbelsäule strapaziert (siehe Tab. 1).

Tab. 1: Sportartspezifische Belastungen

	Belastungsbereich							
Sportart	Sprunggelenk	Kniegelenk	Hüftgelenk	LWS	BWS	HWS	Schultergelenk	Arme + Handgelenk
Golf	+	+		✣	+	✣	+	+
Tennis	✚	✚		+	+	+	✚	✣
Radsport		+			✣	✚		
Jogging (Laufen)	+	+	✣	✣				
Fußball	✚	✚	✣	+				
Handball	✣	✣	✣	+			✚	✚
Schi alpin	+	✣	+	✣				

+ = mittlere Belastung
✣ = starke Belastung
✚ = sehr starke Belastung

Zur Vorbereitung auf golfspezifische Belastungen sollten alle Golfer eine funktionelle Gymnastik betreiben. Sie gewährleistet eine trainierte Muskulatur, die eine notwendige Voraussetzung für das Erlernen einer ökonomischen Schwungtechnik ist und vor allem die Basis für ein schmerzfreies Golfen darstellt.

Funktionelle Golfgymnastik kann *vorbeugend, korrektiv* und *leistungssteigernd* angewandt werden. Bei Golfspielern – unabhängig von ihrer Leistungsstufe – reicht ein vorbeugendes Training aus, wenn weder akute oder chronische Schmerzen noch muskuläre Ungleichgewichte vorhanden sind. Zusätzlich können Golfer dieser Klasse mit einem leistungssteigernden Training beginnen. Anfänger mit Beschwerden im Sinne von Fehlhaltungen und -bewegungen der Wirbelsäule und Gelenke sollten zur Leistungssteigerung ihrer Technik und Gewandtheit hauptsächlich korrektive Golfgymnasik be-

treiben. Eine zusätzliche leistungssteigernde Golfgymnastik ist nur den Leistungsgolfern dieser Kategorie zu empfehlen.
Grundsätzlich entstehen Fehlhaltungen und -bewegungen schon im Kindesalter durch Bewegungsmangel, unfunktionelle Übungen (Schule, Sport) und unphysiologische Sitz- und Arbeitsmöbel. Eine andere Ursache für physische Beschwerden und falsche Schwungtechnik bei golfspielenden Kindern liegt in der Ausrüstung. Die Golfschläger sind meistens zu lang, zu schwer und die Griffe zu dick. Statt funktioneller Golfschuhe tragen die Kinder Turnschuhe, die ein Überrollen des linken Fußes verhindern und somit ein ökonomisches Ausschwingen nicht ermöglichen. Die Materialbeschaffenheit spielt auch eine entscheidende Rolle: Wie wissenschaftliche Untersuchungen ergeben haben, ist das Material der Golfschäfte bei der Belastungsreduzierung von großer Bedeutung. Das Resultat dieser Untersuchungen ergab, daß Carbonschäfte gegenüber den herkömmlichen Stahlschäften die Vibrationen im Treffmoment viel besser absorbieren. Dies ist ganz wichtig für Anfänger, da bei Fehltreffen (Toppen des Balles, Erdschläge, Toe/Heel-Treffpunkte) des Balles die Vibrationen des Schlägerkopfes um ein Vielfaches zunehmen. Solche Vibrationen stellen eine zusätzliche Belastung für die Gelenke der Hände, Arme und der Halswirbelsäule dar.
Betrachtet man den Golfschwung in seinen einzelnen Phasen, so kann man folgende Merkmale und Asymmetrien erkennen (Schwungbewegung eines Rechtshänders):

Ausgangsposition (Ansprechposition)

Bedingt durch die Griffstellung (rechte Hand unterhalb der linken), liegt die rechte Schulter deutlich tiefer als die linke Schulter. Hingegen verbleibt die Beckenachse in fast horizontaler Position, und die Wirbelsäule zeigt eine S-förmige, seitliche Verkrümmung. Die Spitze der linksseitigen Verkrümmung liegt im Bereich der mittleren und unteren Brustwirbelsäule, die der rechtsseitigen Verkrümmung am Übergang der Hals- und Brustwirbelsäule. Die Muskulatur auf der rechten Körperseite kontrahiert sich im Bereich der BWS und LWS. Hingegen wird die rechte Nackenmuskulatur (absteigender Teil des *M. trapezius*) im Bereich der Halswirbelsäule gedehnt. Auf der linken Körperseite wird die Muskulatur im BWS- und LWS-Bereich gedehnt und in der HWS angespannt.
Die Technik zwingt die Wirbelsäule mit Hilfe der Muskulatur in eine bestimmte Haltung, die für die Wirbelsäule auf Dauer ohne entsprechendes Kompensationstraining belastend ist und somit Funktionsstörungen auslöst, die mit Schmerzen verbunden sind.

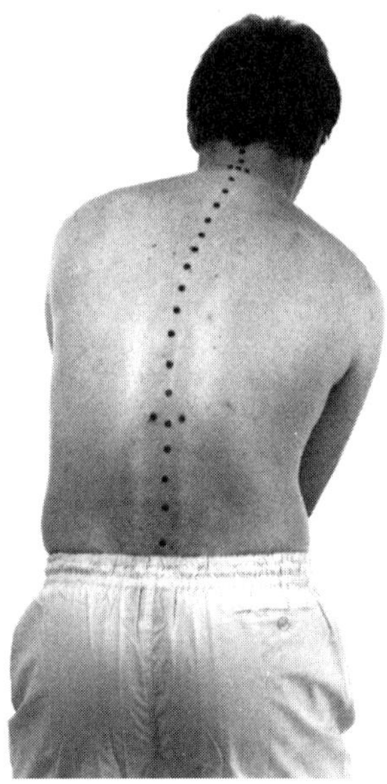

Abb. 5:
Die Stellung der Wirbelsäule in der Ausgangsposition

Die Ausgangsposition

Von der Seite gesehen, ergibt sich besonders im oberen und mittleren BWS-Abschnitt eine verstärkte Rundrückenbildung (hauptsächlich bei der klassischen Putthaltung). Im Bereich der Lendenwirbelsäule kommt es bei Golfern mit muskulären Dysbalancen in der Becken-Lenden-Region zu einer Hohlkreuzstellung. Die Folge ist eine Überbeanspruchung der Bandscheiben und der kleinen Wirbelgelenke. Die Folgen sind dann meistens Kreuzschmerzen.

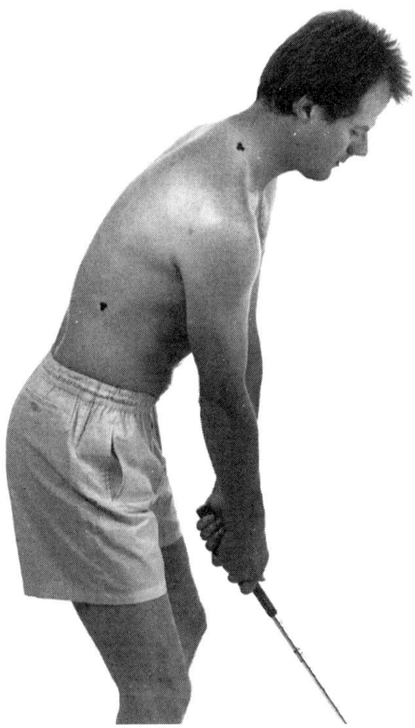

Abb. 6:
Die Stellung der Wirbelsäule von der Seite während der Ausgangsposition.

Die Ausholbewegung (Rückschwung)

In dieser Bewegungsphase zeigen sich im Bereich der gesamten Wirbelsäule zwei auffällige Rotationsbewegungen, die in ihrer Richtung entgegengesetzt ablaufen. Im Idealfall rotiert die Beckenachse bis zu 45°, die Schulterachse bis zu 90° nach rechts, während der Kopf als „Widerlager" fungiert.
Bei richtiger Technik verlagert sich der Körperschwerpunkt durch Rotation von der Mitte nach rechts. Das Hauptgewicht (ca. 60 bis 90%) des Körpers liegt beim Ende des Rückschwunges auf der Innenseite des rechten Fußes. Wieviel Prozent des Hauptgewichtes auf dem rechten Innenfuß liegt, hängt von der Länge der Ausholbewegung ab. Bei einem mittleren Pitch sind es ca. 60%, bei einem Drive ca. 90%.
Die Folge ist eine starke Überlastung in den Übergangsbereichen der unteren HWS zur oberen BWS und der unteren BWS zur oberen LWS. Diese Wirbelsäulenabschnitte werden dabei auf Drehung und Biegung belastet.
Individuelle Bewegungseinschränkungen in einzelnen Bereichen der Wirbelsäule behindern eine optimale Beweglichkeit. Der Golfspieler führt daher unbewußt Ausgleichsbewegungen durch, die entweder zu Überbeweglichkeiten oder technischen Fehlbewegungen führen.
Aus zahlreichen wissenschaftlichen Untersuchungen weiß man heute, daß eine verminderte Beweglichkeit in einzelnen Teilen der Wirbelsäule immer Fehlbeanspruchungen auslöst.

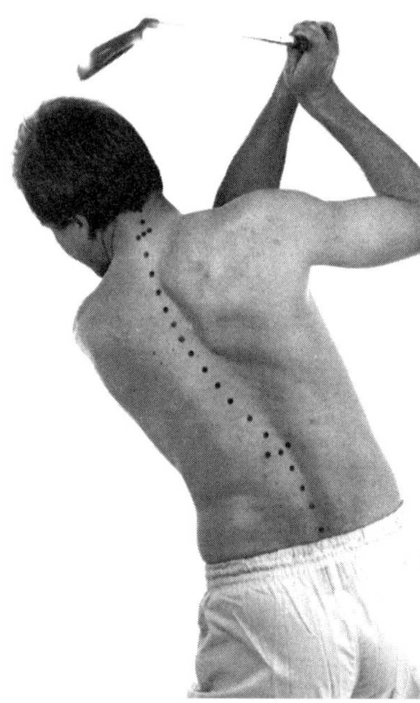

Abb. 7:
Das Bewegungsverhalten der Wirbelsäule beim Rückschwung

Abschwung und Treffmoment

In dieser Phase schwächt sich die gegenläufige Rotationsbewegung von HWS und BWS ab. Das Gewicht verlagert sich durch Rotation fließend von rechts nach links, der Oberkörper behält den gleichen Vorlagewinkel bei, und die LWS und BWS ihre linksseitige Verkrümmung. Von der Seite betrachtet erkennt man, daß die Beckenachse intensiver und schneller nach links rotiert als die Schulterachse. Daraus ergibt sich eine Verwringung der Wirbelsäule, die aufgrund der hohen Dynamik äußerst belastend für die HWS, BWS und LWS ist. Individuelle Fehlhaltungen erhöhen in dieser Phase die Belastung in den einzelnen Bewegungssegmenten der Wirbelsäule und behindern eine exakte Ausführung der Technik.

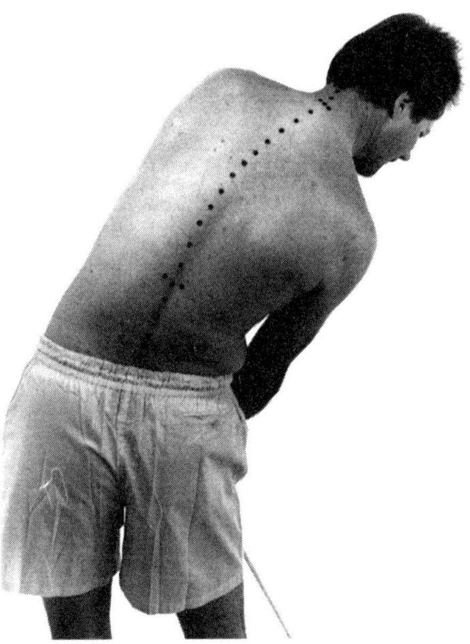

Abb. 8:
Das Bewegungsverhalten der Wirbelsäule beim Treffmoment

Die Endphase

Die Wirbelsäulenverkrümmungen sind infolge der dynamischen Schwungendphase extrem ausgeprägt. Im Bereich des Überganges der unteren BWS und oberen LWS kommt es zu einer starken linksseitigen Verkrümmung. Hingegen zeigen die obere BWS und untere HWS eine rechtsseitige Verkrümmung. Die LWS wird dabei extrem hyperlordosiert. Kompressionsbelastungen der Lendenwirbelkörper können die Folge sein, was langfristig ohne entsprechendes Kompensationstraining zu Bandscheibenbeschwerden führt.

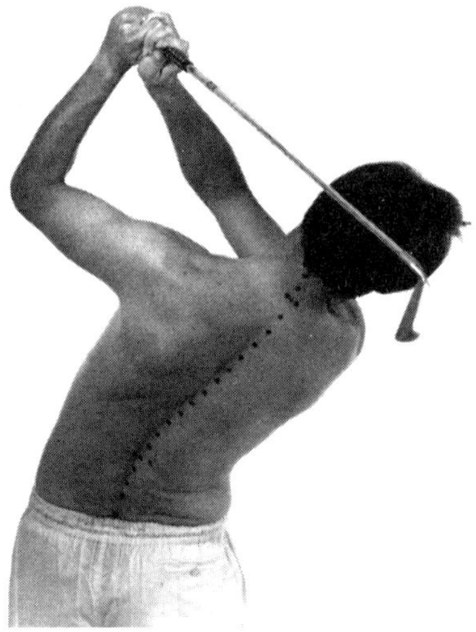

Abb. 9:
Die Stellung der Wirbelsäule in der Endphase

DER IDEALSCHWUNG

Klassischer oder moderner Schwung?

Prinzipiell lassen sich im Golfsport zwei verschiedene Lehren der Schwungtechnik (klassisch/modern) unterscheiden. Der klassische Golfschwung hat seinen Schwerpunkt im Schwingen der Arme und Hände. Es dominieren die Arme/Hände, und der Körper reagiert mit einer Rotation auf das Schwingen der Arme. Die Hauptkraft und der Rhythmus für den Schwung entsteht aus der Hebelwirkung zwischen Händen und Armen, Armen und Schultern *(arms/hands-release)*. Die primär aktive Muskulatur für den klassischen Schwung befindet sich im Schulter-, Arm- und Handbereich.
Hingegen liegt beim sogenannten modernen Golfschwung die Priorität bei der Körperrotation. Hier ist der Motor das Drehen der Schultern beim Aufschwung und das Drehen des Beckens beim Abschwung. Die Arme und Hände reagieren auf die Drehbewegung des Körpers *(body-release)*. Beim modernen Schwung treten primär die unteren Rumpf-, die Becken- und Oberschenkelmuskeln in Aktion.
Beide Lehren zielen aber auf dasselbe ab, da beide Techniken die Naturgesetze (Zentrifugal- und Erdanziehungskraft) ausnützen wollen. Eine technische Schwierigkeit des klassischen Schwunges liegt sowohl im Erlernen der Innen- und Außenrotation der Unterarme und Hände als auch im Timing dieser Rotationen. Dies verlangt vom Golfer viel Ball- und Rhythmusgefühl. Auf der Suche nach einer einfacheren Technik entwickelte sich aus dem klassischen der moderne Golfschwung. Bei dieser neuen Schwungform ist es möglich, mit einer sehr eingeschränkten Armrotation zu spielen. Die so eingesparte Energie sollte nun für eine intensivere Körperdrehung zur Verfügung stehen. Dies erzeugt dann mehr Zentrifugalkraft für eine höhere Schlägerkopfgeschwindigkeit. Damit dies aber möglich sein kann, muß der Golfer sehr athletische Voraussetzungen haben, da eine solche Technik schnellkraftfähige Muskeln des Beckens und des Rumpfes verlangt. Deshalb wird dieser Schwung richtigerweise auch als *„athletischer Schwung“* bezeichnet.

Der Idealschwung jedes Golfers ist von folgenden Kriterien abhängig:

Sportartspezifische Voraussetzungen

- Kraftfähigkeit
- Schnellkraftfähigkeit
- Beweglichkeit
- Koordination (Ballgefühl)
- Konzentrationsvermögen

Anthropometrische Merkmale

- Körperbaumerkmale
- Proportionen

Psychische Eigenschaften

- Vertrauen in die erlernte Technik
- Motivation

Grundsätzlich dürfte die *persönliche Idealtechnik* eines Spielers immer eine Mischform aus der klassischen und modernen Methode sein. Bei der Suche nach der persönlichen Idealtechnik muß aber noch ein zusätzliches Kriterium berücksichtigt werden: bestehende Schmerzsyndrome, die *immer* Ausgleichsbewegungen auslösen und eine negative Auswirkung auf die persönliche Idealtechnik haben.

Schmerzsyndrome

- muskuläre Dysbalancen
- muskuläre Verspannungen
- überbelastete Gelenks- und Bandstrukturen
- Verletzungen
- Wirbelsäulenverkrümmungen
- spezifische Gelenksschmerzen

Physiologischere Technikvariationen

Speziell die Schwung-Endphase könnte technisch so variiert werden, daß eine Belastungsreduzierung im LWS-Bereich eintritt. Eine weitverbreitete Theorie besagt nämlich, daß man in der Endphase den Beckenwinkel der vorhergegangenen Phasen beibehalten sollte.
Aus Gründen der Belastungsreduzierung der Wirbelsäule ist es jedoch besser, den Beckenwinkel *nicht* bis zum Finish beizubehalten, sondern ihn kurz nach dem Treffmoment fließend zu vergrößern. Folglich wird der Oberkörper in eine aufrechtere Position gebracht, wodurch sich eine spürbare Entlastung der gesamten Wirbelsäule einstellt.
Dieser Bewegungsablauf ist einfacher durchzuführen, weil er einem physiologischeren Bewegungsmuster entspricht. Es ist erstaunlich, wie viele Golfer noch darauf trainiert werden, am Ende des Schwunges (Finish) den Kopf „unten“ zu lassen. Immer mehr Tour-Spieler haben sich inzwischen aufgrund von Belastungsschmerzen umgestellt. Die Erfahrung mit dieser Technikvariation ergab für viele, daß sie so nicht nur schmerzfreier, sondern auch

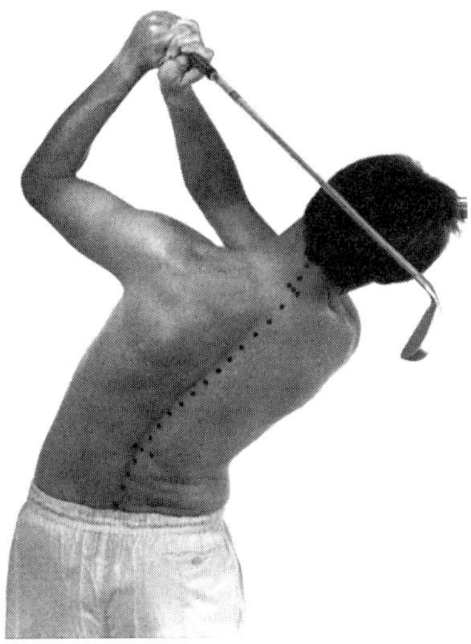

Abb. 10:
Unphysiologische Endphasenstellung der Wirbelsäule

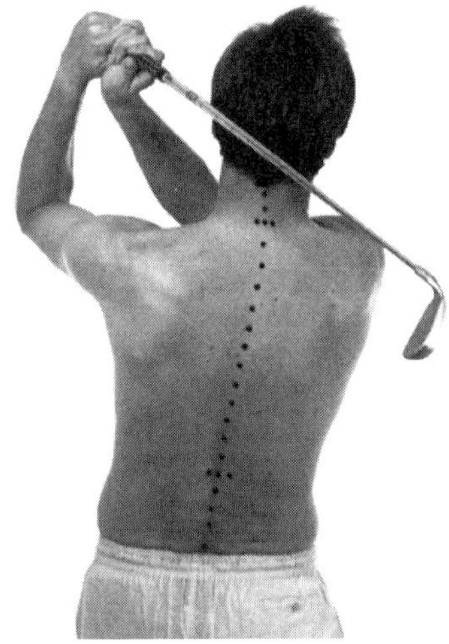

Abb. 11:
Physiologischere Endphasenstellung der Wirbelsäule

gefühlvoller und einfach „natürlicher" ausschwingen können (besseres Release).
Eine andere weitverbreitete Meinung ist, daß das linke Knie in der Schwung-Endphase gestreckt werden sollte. Der physiologische Nachteil dieser Technik liegt in einer mehrfachen Belastung. Speziell das linke Kniegelenk, das linke Sprunggelenk und die Lendenwirbelsäule werden verstärkt beansprucht. Im Kniegelenk kommt es zu Verschleißerscheinungen der Bänder und der Menisken, im Sprunggelenk treten Überdehnungen des äußeren Bandsystems auf, und in der Lendenwirbelsäule entsteht zusätzlich eine intensivere Seitneigungsbewegung durch ein Anheben der linken Hüfte.
Besser ist es jedoch, wenn das linke Knie seinen ursprünglichen Winkel (Ansprechposition) auch in der Endphase beibehält und mit den Hüften nach links abdreht.

DIE TYPISCHEN GOLFER-BESCHWERDEN

Golf ist eine Individualsportart. Die Leistung eines Golfers hängt damit stark von den Funktionszuständen seines Körpers ab. Die oftmaligen Wiederholungen von einseitigen Bewegungsabläufen lösen Störungen der positiven Reizanpassung aus, die sich mit der Zeit negativ auf die Gesamtleistung eines Golfers auswirken.

Muskuläre Dysbalancen

Sie können innerhalb einer Muskelkette eintreten, z. B. zwischen Strecker und Beuger, was die Entstehung eines Golferellenbogens bewirken kann. Aber auch innerhalb einer Funktionseinheit von Agonist und Antagonist ist dies möglich, da beim Aufschwung immer die gleichen Muskeln arbeiten, was mit der Zeit zu Schmerzsyndromen im Schulter- und Nackenbereich führen kann.
Sowohl Anfänger als auch Pros neigen durch falsch verstandenen Fleiß dazu, stundenlang Bälle zu schlagen oder pausenlos zu putten und zu chippen. Das unvermeidliche Resultat sind dann muskuläre Dysbalancen und Ermüdungserscheinungen im physischen und psychischen Bereich. Deshalb sollte man maximal 20 Minuten lang Bälle schlagen und dann eine 5–10minütige Pause einlegen. In dieser Pause ist es sinnvoll, funktionelle Lockerungs- und Kompensationsübungen zur Entspannung durchzuführen. Ein solcher Rhythmus kann dann mehrere Stunden beibehalten werden. Innerhalb der 20 Minuten sollten maximal nur 20 bis 30 Bälle geschlagen werden (langes Spiel). Die Qualität ist viel wichtiger als die Quantität der Schwünge!
Leider trainiert man beim üblichen Bälle-Schlagen nur die schwungspezifischen Muskeln. Die Antagonisten werden bei diesem Training völlig vernachlässigt. Daß sie die koordinative Lernfähigkeit optimieren helfen, wird nicht oder kaum erkannt. Das Außerachtlassen der Antagonisten bedeutet eine Erhöhung der Verletzungsgefahr (Muskelzerrungen, Muskelrisse etc.) und eine Hemmung der koordinativen Lernfähigkeit, wodurch neue Schwungtechniken nur mühsam erlernt werden.
Oft werden aber auch Muskeln, die für eine golfspezifische Leistung absolut nicht nötig sind, fälschlicherweise auf Kraft trainiert. Dies gilt vor allem für die lumbalen Rückenstrecker, die Hüftbeuger und die Nackenmuskeln. Deren Antagonisten werden dann ebenso vernachlässigt: Der Entstehung von muskulären Dysbalancen steht somit nichts mehr im Wege!

Muskuläre Verspannungen

Die Dehnung von verspannter oder verkürzter Muskulatur wird im Golfsport entweder nicht durchgeführt oder unfunktionell betrieben. Die Realität sieht wie folgt aus: Je länger, je häufiger und intensiver Golfschwünge trainiert werden, um so mehr verliert der Golfer seine muskuläre Entspannungsfähigkeit. Tritt dies ein, und das ist nur eine Frage der Zeit, kommt es mit der Bildung von muskulären Dysbalancen zur Entstehung von Beschwerden in überlasteten Körperregionen.
Eine optimale Leistungsfähigkeit kann in diesem Fall nur dann erreicht werden, wenn funktionelles Stretching betrieben wird. Dies betrifft insbesondere Golfanfänger beim Erlernen oder Umlernen technischer Elemente. Die Folge sind Verspannungsreaktionen von Muskelketten. Zum Vorschein kommt dies bei verkrampfter Griff-, Schläger-, Schulter- und Oberkörperhaltung sowie bei einer verspannten Beinmuskulatur. Dadurch können sich Fehler einschleichen, die mit besonderem Fleiß wieder ausgebessert werden müssen. Auch Profis können zeitweilig unter einer Koordinationsdisharmonie leiden, wenn es gilt, eine Technik zu verbessern oder zu festigen.

Überbelastete Gelenks- und Bandstrukturen

Leider werden heute beim Aufwärmen oder beim Konditions- und Techniktraining viele unfunktionelle Trainingsübungen durchgeführt. Aber auch jahrelanges Golfen ohne zielgerichtetes Kompensationstraining hat fortwährende Druck-, Zug-, Dreh- und Scherbelastungen für Wirbelsäule, Schulter- und Beckengürtel, Arme und Beine zur Folge. Im Übermaß durchgeführte stereotype Bewegungsabläufe lösen Störungen im Knochen-, Band- und Muskelsystem aus, die so lange verborgen bleiben, bis Schmerzen in bestimmten Körperregionen auftreten.

Verletzungen

Verletzungen durch den Golfball oder den Schläger kommen selten vor, da sie durch Einhalten der Golfetikette fast ausgeschlossen werden. Vielmehr entstehen häufig Muskelzerrungen durch ungenügendes oder falsches Aufwärmen. Klassische Beispiele dafür sind jene Golfer, die mit dem Auto zum Golfplatz fahren und sofort mit einem wuchtigen Abschlag beginnen. Die unaufgewärmte Muskulatur muß eine enorme Belastung kompensieren, speziell dann, wenn der Schlägerkopf in den Boden schlägt oder am Ball vorbeisaust.
Aber auch eine unspezifische Ausrüstung kann Verletzungen auslösen. Dies betrifft *Golfschläger* (Anfänger spielen oft mit zu schweren und zu steifen Schäften) und Golfschuhe.

Um Sprunggelenks- oder Achillessehnenverletzungen zu vermeiden, muß beim Kauf von *Golfschuhen* auf folgende Punkte geachtet werden:

- Ferse und Mittelfuß müssen einen optimalen, festen Halt haben. Der Fuß darf im Schuh nicht „schwimmen"!
- Der Fersenteil darf am Ende der Schwungbewegung die Streckung des rechten Fußes nicht behindern, da sonst Druck auf die Achillessehne ausgeübt wird.
- Die Sohle muß flach, hart, aber speziell im Vorderfuß biegsam sein, um das Überrollen des linken Fußes während der Schwung-Endphase zu gewährleisten.

Bestehende Verletzungen im Bewegungsapparat bewirken immer eine Störung des biologischen Gleichgewichtes: Spielt man etwa unter Schmerzen Golf, tritt eine Erhöhung des Muskeltonus ein, der vom muskulären Hartspann bis zur Blockierung von Gelenken alles bewirken kann. Die Schmerzsymptomatik greift dann auch auf Muskelregionen über, die mit dem Verletzungszentrum nicht im Zusammenhang stehen. Die Rehabilitation scheitert leider oft an der Ungeduld der Golfer.

Wirbelsäulenverkrümmungen

Warum hat man Kreuzschmerzen?

Bei Schmerzen im Bereich der LWS spielt die lumbale Krümmungskurve eine entscheidende Rolle. Sie wird bestimmt durch die skeletteigene Struktur, durch das Körpergewicht und den Zustand der Muskulatur. Diese Faktoren bestimmen den Grad der LWS-Lordosierung und somit auch das Ausmaß der Hyperlordosierung, die bei Kreuzschmerzen fast immer vorhanden ist. Diese Hyperlordosierung ist eine Folgeerscheinung einer muskulären Dysbalance im Becken- und Lendenbereich. Die muskuläre Instabilität des Beckens wird hauptsächlich durch eine Schwäche der Bauch- und Gesäßmuskulatur und durch eine Verkürzung der Hüftbeuger und der lumbalen Rückenstrecker ausgelöst.
Die Folge ist eine Störung des äußeren Gleichgewichtes, d. h. die Muskulatur ist nicht mehr in der Lage, der Erdanziehungskraft entgegenzuwirken. Somit stellt sich eine ventrale (nach vorne gerichtete) Beckenkippung ein. Dies bewirkt eine Störung des inneren Gleichgewichtes, d. h. es kommt zu einer Fixierung der Hyperlordosierung, wodurch die Beweglichkeit der LWS nach hinten entscheidend eingeschränkt wird.

Ursachen für Kreuzschmerzen

- angeborene Fehlstellungen der Wirbelsäule
- unfunktionelle Trainingsübungen
- nicht ergonomische Arbeitsbedingungen
- unphysiologische Technik (Hüfte schieben statt drehen)
- kein Kompensationstraining

Warum hat man Nackenschmerzen?

Bei Nackenschmerzen ist die lordotische Krümmung der HWS zu stark ausgeprägt. Eine Ursache dafür ist eine verstärkte Rundrückenbildung der BWS, die in weiterer Folge eine Verspannung und Verkürzung der Nackenmuskulatur auslöst. Alle Muskeln in diesem Bereich stellen sich dann auf eine Fehlhaltung ein, d. h. es kommt zu einer Verkürzung der Brustmuskulatur, zu einer Schwäche der rückwärtigen Schulterblattfixatoren, der thorakalen Rückenstrecker und zu einer Immobilität der Schultern nach hinten.

Ursachen für Nackenschmerzen

- angeborene Fehlhaltung
- unfunktionelle Trainingsübungen
- nicht ergonomische Arbeitsbedingungen
- unphysiologische Technik (Verharren des Kopfes in der Ansprechposition während der Endphase)
- kein Kompensationstraining

Spezifische Gelenkschmerzen

Warum kommt es zu Schulterschmerzen?

Das Schultergelenk ist außerordentlich beweglich, da seine Stabilität primär durch die Muskulatur und nicht so sehr durch das Bandsystem gewährleistet wird. Darin liegt auch die Begründung für seine Schmerzanfälligkeit: eher kurze Muskeln müssen den Arm als langen Hebel bewegen. Je schneller der Arm bewegt wird, desto stärker werden die sehnigen Muskelansätze am Knochen belastet.

Ursachen für Schulterschmerzen

- Überbeanspruchung der Schultergelenksmuskulatur
- unfunktionelles und unzureichendes Aufwärmen
- Überbeanspruchung der HWS
- unfunktionelle Trainingsübungen (z. B. schnelles Armkreisen)
- kein Kompensationstraining

Warum kommt es zu Ellenbogenschmerzen?

Beim Golferellenbogen werden besonders die Sehnen der Unterarmmuskeln überbeansprucht, da sich das Knorpelgewebe im Gelenksbereich abnützt. Ellenbogenbeschwerden treten daher meistens ab dem vierten Lebensjahrzehnt auf, da in diesem Alter die Elastizität des Bindegewebes abnimmt. Der Ursprungsbereich der Schmerzen liegt an der Innenseite des Ellenbogens, wo die Beugemuskeln der Hand und der Finger entspringen.

Ursachen für Ellenbogenschmerzen

- falsche Griffstärke und -haltung
- Vibrationen im Schläger bei hartem Bodenkontakt und Toppen des Balles
- schlechte Schwungtechnik (z. B. zu starkes Überrollen der Unterarme)
- Überlastungssyndrome
- kein Kompensationstraining

Warum kommt es zu Yips?

Yips sind Zuckungen übermäßig verspannter Muskeln, die einen Sauerstoff- und Glucosemangel aufweisen. Damit diese Muskeln nicht absterben, löst der Organismus die Verspannung auf, indem er einen Überlebensreflex an die betroffenen Muskeln aussendet. Dies führt zu einer unbewußten und unbeabsichtigten, ruckartigen Bewegung der verkrampften Muskulatur.
Dieser Reflex läßt sich vom Golfer nicht kontrollieren. Zusätzlicher Turnierstreß beschleunigt die Auslösung der Überlebensreflexe der verspannten Muskulatur im Nacken-, Arm- und Handbereich. Dies sind dann die „tödlichen“ Golfyips! Viele Golfer leiden hauptsächlich beim Putten darunter, und einige renommierte Top-Pros mußten aus diesem Grund um ihre Karriere bangen.
Eine Ursache liegt im klassischen Puttstil, da die Pros beim Putten stundenlang in einer extrem unphysiologischen Haltung verbringen. Die gesamte Arm-, Nacken-, Schulter- und Rückenmuskulatur verkrampft sich durch die statische Putthaltung. Folglich erschöpft sich die Leistungsreserve der Muskulatur, was, je nach Empfindlichkeit des Golfers, die gefürchteten Yips auslösen kann.
Zur Beseitigung von Yipsproblemen empfehlen sich zwei Möglichkeiten:

- *Puttstilwechsel:* Die neuen, extrem langen Putter bewirken eine belastungsärmere Putthaltung durch einen aufrechteren Stand.

- *Spezifisches Kompensationstraining:* Nach 10 Minuten putten eine 1- bis 2minütige Pause einlegen. Während der Pause sollte man zur Lockerung der verspannten Muskulatur folgende Übung durchführen:

- Aufrechtes Stehen mit Zusammenkneifen der Gesäßmuskulatur, um das Becken zu stabilisieren.
- Den Kopf während der gesamten Übungsdauer locker hängen lassen.
- Die Arme bis zum Kopf hochheben und nach vorne mit der Schwerkraft fallenlassen. Ohne die Bewegung anzuhalten, wird das Auf- und Abschwingen der Arme 10- bis 30mal wiederholt.
- Der Oberkörper darf während der Schwingbewegung der Arme nicht nach vorne oder hinten bewegt werden.

Grundsätzlich muß diese Übung ohne Kraftaufwand durchgeführt werden. Die richtige Übungsausführung bewirkt eine spürbare Entspannung im Nacken- und Schulterbereich.

KOMPENSATIONSTRAINING

Zur Bekämpfung muskulärer Dysbalancen muß ein golfspezifisches Kompensationstraining durchgeführt werden, das sich sowohl vorbeugend (präventiv) als auch bei akuten Schmerzen (korrektiv) positiv auswirkt. Dabei werden der stereotypen Golfbewegung *ausgleichende Trainingsreize* entgegengesetzt. Durch funktionelles Kompensationstraining ist es möglich, muskuläre Defizite des Körpers zu beheben.
Leider betreiben die meisten Golfer aus mangelnder Fachkenntnis entweder keine oder falsch verstandene Aufwärm- und Gymnastikprogramme. Das Kompensationstraining ist im Golfsport deswegen so wichtig, da die Wirbelsäule enormen einseitigen Belastungen ausgesetzt ist. Dies gilt insbesondere für junge, aufstrebende Golfer (Kinder und Jugendliche), die sonst Haltungsschwächen bekommen können. Die einseitige Golfbewegung verstärkt diese, wenn kein regelmäßiges funktionelles Kompensationsprogramm durchgeführt wird.

Für die vorbeugende und korrektive Golfgymnastik ergeben sich *sechs Prinzipien der Kompensation:*

1. **Kräftigung** der haltungsschwachen Muskulatur zum Schutz der Wirbelsäule und Gelenke.
2. **Dehnung** (Stretching) der verkürzten und verspannten Muskeln.
3. **Mobilisation** der bewegungseingeschränkten Gelenke und Wirbelsäulenabschnitte.
4. **Ausgleichsübungen** durch andere Sportarten und bilaterales Training.
5. **Ausklammerung** aller unfunktionellen Übungen und Fehlbewegungen.
6. **Asymmetrisches Training** gegen die golftypischen Wirbelsäulenverkrümmungen.

DIE KONDITION IM GOLFSPORT

Wie in allen Sportarten ist auch im Golfsport die Ausbildung einer allgemeinen Kondition notwendig. Nicht-Golfer glauben meistens, Golfspielen verlange keine konditionellen Eigenschaften. Viele sind der Meinung, daß es sich um einen „Alt-Herren"-Sport handle. Beim Golfspielen benötigt man aber eine Vielfalt von Fertigkeiten, um eine harmonische und gefühlvolle Schwungbewegung durchführen zu können. Diese Bewegungsabläufe erlernt man am besten in der vorpuberalen Phase. Kinder können in dieser Phase leichter von der Grobform über die Feinform zur Feinstform gelangen. Sie erlernen die Schwungtechnik zwar schneller, die konditionellen Golfeigenschaften müssen aber unabhängig vom Alter durch ein regelmäßiges, funktionelles und flexibel gestaltetes Training erarbeitet werden. Das Resultat ist nicht nur eine Leistungsverbesserung, sondern auch eine Leistungsstabilisierung über längere Zeiträume hinweg.
Zu den konditionellen Eigenschaften des Golfsports gehören die physischen Eigenschaften (Kraft, Ausdauer), die koordinativen Eigenschaften (Beweglichkeit, Gewandtheit) und die psychischen Eigenschaften (intrapersonelle Verhaltensweisen).
Zusammenfassend kann der Begriff der Kondition als *Summe aller psychophysischen Eigenschaften und koordinativen Fähigkeiten* verstanden werden; sie ist für die Belastbarkeit des Golfers im Training und im Wettkampf mitbestimmend (siehe Abb. 12).
In der Trainingswissenschaft wird zwischen allgemeiner und spezieller Kondition unterschieden, was auch auf den Golfsport zutrifft.
Die Verbesserung der *allgemeinen Kondition* betrifft die harmonische und stabilisierende Entwicklung des Herz-Kreislauf-Systems, der Muskelkraft und Gelenkbeweglichkeit. Das Muskelaufbautraining zwischen 40 und 60% der Maximalleistung, die aerobe Ausdauer, die allgemeine Beweglichkeit und Gewandtheit zählen zu den Schwerpunkten der allgemeinen Kondition.
Die *spezielle Kondition* bezieht sich auf alle Merkmale, die für eine golfspezifische Bewegungshandlung entscheidend sind. Ihr entsprechen ein Muskelaufbautraining zwischen 60 und 80% der Maximalleistung, die Schnellkraft mit ihren Subkategorien, die Schnelligkeit und die spezielle Beweglichkeit und Gewandtheit. Der Erwerb der speziellen Kondition setzt eine gute Ausbildung der allgemeinen Kondition voraus.
Das Konditionstraining bewirkt den Effekt der *Superkompensation:* Nach einem Trainingsreiz, der Ermüdung und anschließende Erholung bewirkt, steigt das Leistungsniveau an.
Das Prinzip der Superkompensation hat Gültigkeit für den gesamten Bereich des Konditionstrainings sowie für das Techniktraining.

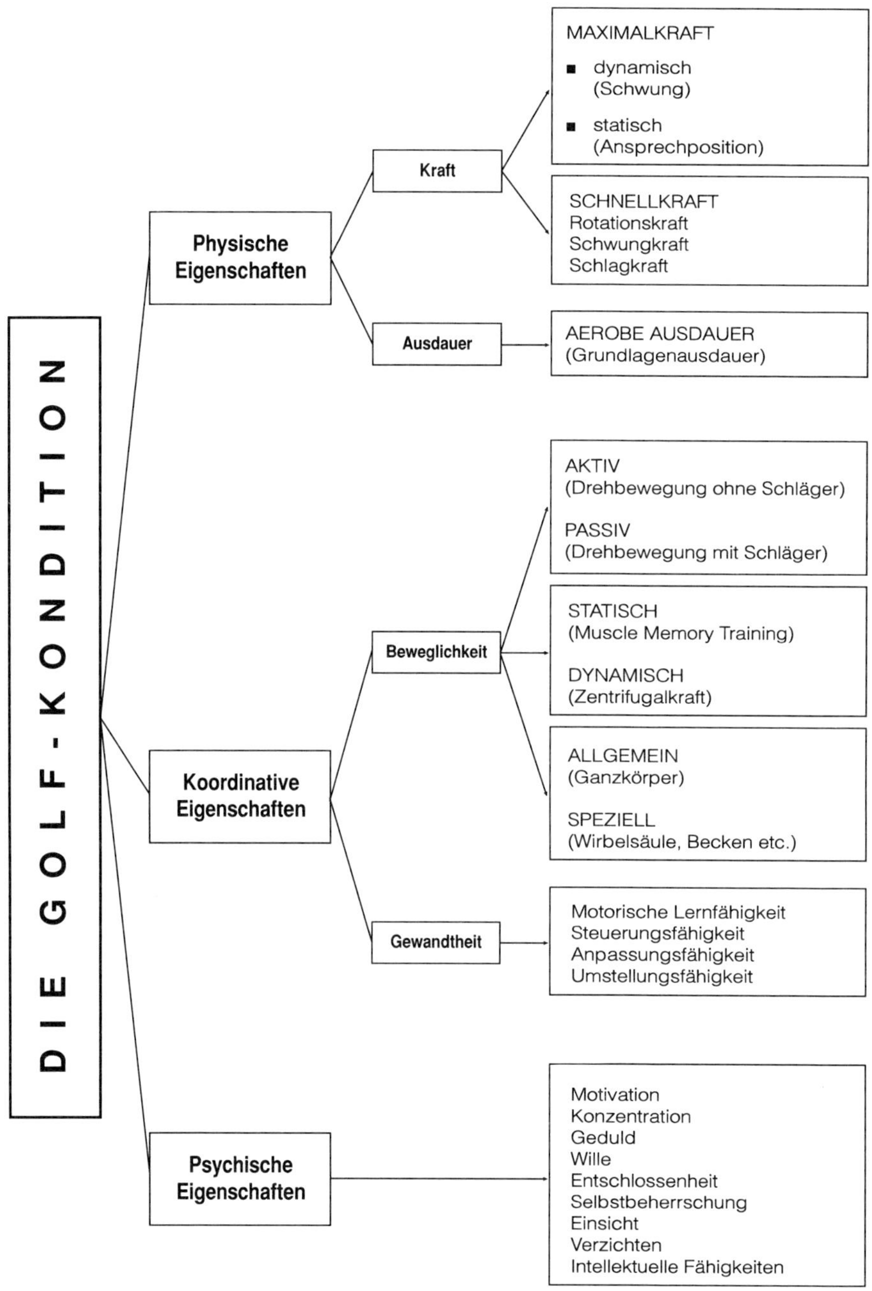

Abb. 12:
Die Kondition im Golfsport

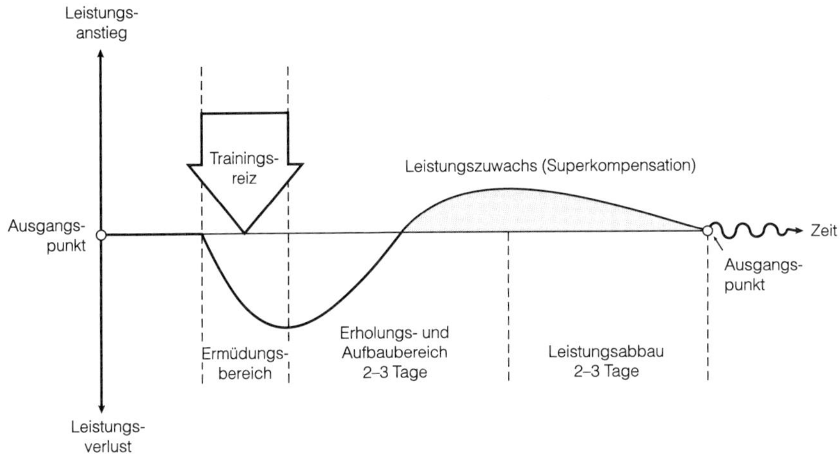

Abb. 13:
Schematische Darstellung der Superkompensation

KRAFT UND KRAFTTRAINING

Der Golfer bewegt seinen Körper und seinen Schläger, er überwindet mit dem Schläger einen Widerstand (Ball, Luftwiderstand, Gras) und bremst seinen Körper und den Schläger wieder ab. Daraus wird verständlich, daß für die Ausführung des Golfschwunges auch Kraft erforderlich ist.
Welche Vorteile bringt ein Krafttraining für den Golfer?
Vor allem eine ökonomische Schwungbewegung: Man benötigt für einen langen Abschlag nicht mehr die maximal verfügbare Kraft von 100%, sondern es reichen 70 bis 80% der verfügbaren Kraft aus, um die gleiche Leistung zu erreichen wie vorher mit 100%. Die Präzision des Schlages wird dadurch ohne Längenverlust zunehmen. Ein weiterer wichtiger Punkt ist die Verbesserung der Schnellkraft, für die das allgemeine Krafttraining eine notwendige Voraussetzung darstellt. Die Steigerung der Schnellkraft bewirkt einen Distanzzuwachs ohne Präzisionsverlust.

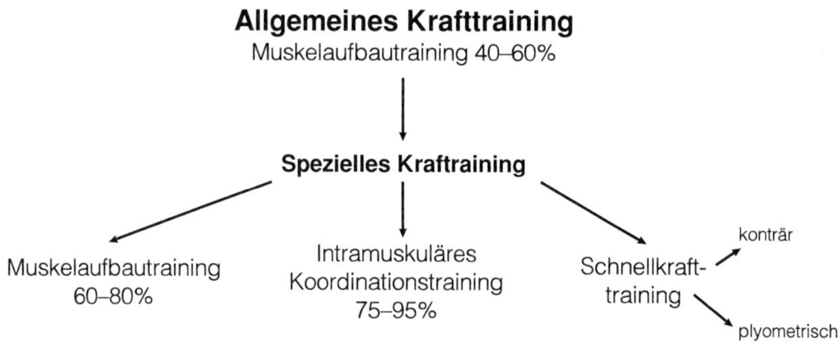

Abb. 14:
Faktoren des Krafttrainings im Golfsport

Von entscheidender Wichtigkeit ist die Durchführung von Dehnungsübungen nach dem Krafttraining, um Muskelverkürzungen infolge erhöhter Muskelspannung vorzubeugen.

Allgemeines Krafttraining

Das allgemeine Krafttraining beinhaltet eine umfassende Kräftigung der Arm-, Bein-, Rumpf- und Schultermuskulatur. Es ist eine notwendige Voraussetzung für die Ausübung jeder Sportart – auch des Golfsportes –, und zwar unabhängig davon, ob die Kräftigungsübungen der spezifischen Bewegungsstruktur des Golfspiels entsprechen. Es zielt auf eine Verbesserung der gesamten Muskulatur ab und stellt die Basis für das darauffolgende spezielle Krafttraining dar. Dieses Training kann von jedem Golfer angewandt werden, auch von Leistungsgolfern, die bis dahin kein Krafttraining durchgeführt haben.
Haupttrainingsart des allgemeinen Krafttrainings ist das Muskelaufbautraining mit 40 bis 60% der Maximalleistung.

MUSKELAUFBAUTRAINING MIT 40 BIS 60%

Bei dieser Trainingsart erfolgt der Muskelaufbau durch eine Muskelfaserverdickung *(Hypertrophie)*. Dazu muß die Reizdauer entsprechend lang gestaltet werden, d. h. hohe Wiederholungszahlen bei geringen bis mittleren Intensitäten.
Alle Übungen werden mit 40 bis 60% der maximalen Übungsbestleistung durchgeführt. Zu Beginn eines Krafttrainings ermittelt ein Maximalkrafttest die Gewichtsbelastungen. Dabei wird ein Gewicht so lange ständig erhöht, bis es nur einmal vollständig bewegt werden kann. Diese einmalige maximale Bestleistung dient dann als Berechnungsgrundlage für die 40 bis 60%. Solche Maximalkrafttests (siehe auch S. 103) sollte man alle zwei bis drei Monate durchführen, um eine Kontrolle der Leistungssteigerung zu erreichen und Überlastungssyndrome zu vermeiden.
Die Gefahr einer Überbeanspruchung liegt in den Bereichen der Hände, Unterarme und speziell im Bereich der Wirbelsäule. Dies wird in unseren Aufbauprogrammen berücksichtigt.

Trainingsmethodik

Intensität:	40 bis 60% der maximalen Übungsbestleistung
Wiederholungen:	12 bis 8, d. h. 40% – 12mal, 45% – 11mal, 50% – 10mal, 55% – 9mal, 60% – 8mal
Bewegungstempo:	langsam für stärkeren Muskelzuwachs und mittleres Tempo für normalen Muskelzuwachs
Sätze:	für Untrainierte 3 bis 5 für Trainierte 5 bis 8
Pausen:	1,5 bis 3 Minuten zwischen den einzelnen Sätzen

Spezielles Krafttraining

Beim speziellen Krafttraining müssen die Kraftübungen, die der Verbesserung der Schnellkraft dienen, mit der golfspezifischen Bewegungsstruktur übereinstimmen. Die Wirkung ist ein höherer und schnellerer Kraftgewinn und eine Verbesserung der intramuskulären Koordination, die für den Golfschwung leistungsbestimmend ist. Spezielles Krafttraining darf aber nie bei ermüdeter Muskulatur erfolgen.
Inhaltlich besteht das spezielle Krafttraining aus folgenden Punkten:

- Muskelaufbautraining mit 60 bis 80% Intensität
- intramuskuläres Koordinationstraining
- Schnellkrafttraining
- Schnellkrafttraining mit der Methode des konträren und plyometrischen Krafttrainings.

Insbesonders die *Schnellkraft* stellt einen wichtigen Schwerpunkt innerhalb des speziellen Krafttrainings dar. Sie ist ein wesentliches Element einer guten Golfleistung. Voraussetzung für schnellkräftige Bewegungen, auch dann, wenn die zu überwindenden Widerstände – wie im Golf – relativ klein sind, ist jedoch die Maximalkraft.
Leider herrscht heute noch die Meinung vor, Maximalkrafttraining bewirke langsame Bewegungen, da mit ihr nur Muskelmasse und Muskelquerschnitt vergrößert werden. Gemeint ist damit meist ein Training mit hohen Gewichtsbelastungen an Kraftmaschinen mit bis zu 100% der Maximalleistung (Bodybuilding).
Wissenschaftliche Untersuchungen haben aber eindeutig bewiesen, daß die Maximalkraft der wichtigste Bestimmungsfaktor aller Schnellkraftleistungen ist. Wer diesen Zusammenhang versteht, wird erkennen, daß Krafttraining, funktionell betrieben (maximal 60 bis 80% der Maximalleistung), niemals langsam macht (Karate!).

MUSKELAUFBAUTRAINING MIT 60 BIS 80%

Bevor man auf diese Trainingsform übergeht, muß ein mehrmonatiges Muskelaufbautraining mit 40 bis 60% der maximalen Übungsbestleistung erfolgt sein. Dies gilt besonders für Golfanfänger, die noch nie ein Krafttraining absolviert haben. Leistungsgolfer, die regelmäßig ein Krafttraining innerhalb ihres Trainingsprogrammes durchführen, sollten mit einem Intensitätsbereich von 60 bis 80% arbeiten.

Trainingsmethodik

Intensität:	60 bis 80% der maximalen Übungsbestleistung
Wiederholungen:	8 bis 4, d. h. 60% – 8mal, 65% – 7mal, 70% – 6mal, 75% – 5mal und 80% – 4mal
Bewegungstempo:	mittleres bis zügiges Tempo
Sätze:	3 bis 6
Pausen:	2 bis 4 Minuten zwischen den Sätzen

Diese Trainingsart schafft eine weitere günstige Voraussetzung für eine optimale Entwicklung der Schnellkraft. Dies trifft ebenso auf das intramuskuläre Koordinationstraining zu.
Im Anschluß an dieses Training muß ein konstantes Dehnprogramm durchgeführt werden, um Muskelverkürzungen infolge einer erhöhten Muskelspannung vorzubeugen.

INTRAMUSKULÄRES KOORDINATIONSTRAINING

Beim intramuskulären Koordinationstraining wird eine große Anzahl von Muskelfasern synchron aktiviert. Voraussetzung dafür ist ein mehrjähriges Muskelaufbautraining mit Intensitäten zwischen 40 und 80%. Für den Golfsport ist diese Art des Trainings deshalb so wichtig, weil damit Kraft ohne Einschränkung der Beweglichkeit durch zu großen Muskelzuwachs gewonnen wird.
Für Anfänger des Krafttrainings ist ein intramuskuläres Training ungeeignet, da zunächst ein Muskelaufbautraining und damit eine optimale Muskelquerschnittsvergrößerung stattfinden muß. Im Jugendalter darf ein intramuskuläres Koordinationstraining nur dann betrieben werden, wenn zuvor ein mehrjähriges Muskelaufbautraining stattgefunden hat. Wird mit dem intramuskulären Training zu früh begonnen, ist danach kaum mehr eine Kraftverbesserung möglich. In diesem Falle muß erneut mit einem Muskelaufbautraining begonnen werden.
Die Belastungen im Gelenksystem, im Bindegewebe oder im Bereich der Sehnen kann man durch funktionelle Kraftübungen weitgehend reduzieren. Der Funktionalität der Kraftübungen wird in unseren Trainingsprogrammen höchster Stellenwert eingeräumt.

Trainingsmethodik

Intensität:	75 bis 95% der maximalen Übungsbestleistung
Wiederholungen:	5 bis 1, d. h. 75% – 5mal, 80% – 4mal, 85% – 3mal, 90% – 2mal und 95% – 1mal
Bewegungstempo:	langsames bis zügiges Tempo
Sätze:	5 bis 8
Pausen:	1 bis 2 Minuten Pause zwischen den Sätzen

SCHNELLKRAFTTRAINING

Beim Schnellkrafttraining steht die Erreichung einer möglichst schnellen Kontraktionsgeschwindigkeit jener Muskulatur im Mittelpunkt, die für den golfspezifischen Bewegungsablauf entscheidend ist.
Das Training der Schnellkraft muß mit Widerständen, die leichter oder gleich schwer sind wie der Golfschläger, erfolgen. Die Bewegungen des Schnellkrafttrainings können auch von Anfängern durchgeführt werden, aber unter Aufsicht von Trainern, da die Bewegungsabläufe technisch korrekt ablaufen müssen. Die methodische Reihenfolge eines Schnellkrafttrainings muß folgendermaßen aussehen: zuerst Steigerung der Maximalkraft (40 bis 80%), und dann techniknahes Schnellkrafttraining zur Erreichung einer intermuskulären Schnellkoordination.

Trainingsmethodik

Intensität:	Teilkörpergewicht (Arm), Teilschlägergewicht (Schaft) oder Wettkampfgewicht (Schläger)
Wiederholungen:	6 bis 10
Bewegungstempo:	explosiv
Sätze:	6 bis 10
Pausen:	2 Minuten Pause zwischen den Sätzen

SCHNELLIGKEIT

Die azyklische Golfschnelligkeit hat eine sehr enge Beziehung zur Kraftschnelligkeit und zur Schnellkraft. Zwischen diesen Fähigkeiten gibt es keine starren Grenzen, sie gehen ineinander über. Speziell die Schnellkraft pendelt zwischen Maximalkraft und Schnelligkeit hin und her. Die Schwungbewegung ist vom Golfer nur so schnell auszuführen, daß keine Vernachlässigung der technischen Ausführung eintritt. Schnelligkeitsabhängige Faktoren sind das „Temperament" des Spielers, die Flexibilität der Steuerungsvorgänge in seinem Nervensystem, seine Schnellkraft, Kraftschnelligkeit sowie Dehnfähigkeit und Elastizität seiner Muskulatur.
Trainingsmethodisch gelten infolge der engen Beziehung zur Schnellkraft weitgehend die gleichen Bedingungen wie beim Schnellkrafttraining.

KONTRÄRES KRAFTTRAINING

Hier wird eine statische Bewegung der dynamischen Bewegung vorgeschaltet, um eine höhere Muskelvorspannung zu erreichen. Dies bringt eine verbesserte Kontraktionskraft und -geschwindigkeit mit sich. Auf den Golfschwung bezogen, muß z. B. der Rechtshänder mit der linken Hand den Schläger in der Endposition des Aufschwunges halten, was einer isometrischen bzw. statischen Kontraktion entspricht. Danach erfolgt der gesamte Bewegungsablauf des Schwunges.

Trainingsmethodik

Intensität:	Teilkörpergewicht (Arm) oder Schläger
Bewegung:	Aufschwung haltend, Abschwung dynamisch. Die Bewegung muß mit der golfspezifischen Bewegungsstruktur identisch sein.
Anspannungszeit:	Die haltende Phase sollte 5 bis 8 Sekunden dauern.
Wiederholungen:	6 bis 15
Sätze:	2 bis 3
Pausen:	2 Minuten Pausen zwischen den Sätzen

Diese Art des Trainings eignet sich besonders für Anfänger oder jene Golfer, die unter Bewegungseinschränkungen im Rückenbereich leiden.

PLYOMETRISCHES KRAFTTRAINING

Diese Methode ist eine Sonderform des dynamischen Krafttrainings und dient auch zur Verbesserung der Schnellkraft. Plyometrisches oder reaktives Training bedeutet einen raschen Wechsel zwischen nachgebender und überwindender Arbeit. Der erste Teil der Arbeit ist eine Dehnung, der zweite eine Kontraktion. Je schneller der Muskel wippend bewegt wird, desto schneller erfolgt die darauffolgende Kontraktion, weil das Wippen die myostatische Reflexerregbarkeit erhöht.
Auch bei dieser Methode ist es wichtig, daß Bewegungsrichtung und Bewegungsumfang mit der spezifischen Schwungbewegung übereinstimmen.

Trainingsmethodik

Intensität:	Teilkörpergewicht (Arm) oder Schläger
Wiederholungen:	6 bis 20
Bewegung:	wippende Aufschwungbewegung, dynamischer Durchschwung
Sätze:	6 bis 10
Pausen:	2 Minuten zwischen den Sätzen

Plyometrisches Training eignet sich hauptsächlich für Leistungsgolfer, die nicht unter einer Bewegungseinschränkung des Rückens leiden.

Methodische Reihenfolge des Krafttrainings

Für eine optimale Kraftverbesserung ist folgende Reihenfolge im Trainingsablauf zu empfehlen.

Trainingsphase 1: Muskelaufbautraining 40 bis 60%

Trainingsphase 2: Muskelaufbautraining 60 bis 80%. Intramuskuläres Koordinationstraining. Parallel ist Schnellkrafttraining möglich.

Trainingsphase 3: Schnellkrafttraining (auch konträres und plyometrisches). Intramuskuläres Koordinationstraining.

Körperlich untrainierte Erwachsene sollten zuerst mit einem Beweglichkeitstraining beginnen, um die notwendige golfspezifische Drehbewegung einigermaßen ausführen zu können.
Kinder und Jugendliche sollten sich an folgende Trainingsreihenfolge halten:

Beweglichkeitstraining:	ab 7 Jahren	(1–2mal wöchentlich)
	ab 12 Jahren	(2–5mal wöchentlich)
Aerobes Ausdauertraining:	ab 8 Jahren	(1–2mal wöchentlich)
	ab 12 Jahren	(2–5mal wöchentlich)
	ab 16 Jahren	(Hochleistungstraining)
Intermuskuläres Koordinationstraining:	ab 8 Jahren	(1–2mal wöchentlich)
	ab 10 Jahren	(2–5mal wöchentlich)
	ab 12 Jahren	(Hochleistungstraining)
Muskelaufbautraining 40 bis 60%:	ab 9 Jahren	(1–2mal wöchentlich)
	ab 12 Jahren	(2–5mal wöchentlich)
	ab 15 Jahren	(Hochleistungstraining)
Schnellkrafttraining:	ab 10 Jahren	(1–2mal wöchentlich)
	ab 13 Jahren	(2–5mal wöchentlich)
	ab 16 Jahren	(Hochleistungstraining)
Muskelaufbautraining 60–80%:	ab 12 Jahren	(1–2mal wöchentlich)
	ab 14 Jahren	(2–5mal wöchentlich)
	ab 16 Jahren	(Hochleistungstraining)
Intramuskuläres Koordinationstraining:	ab 13 Jahren	(1–2mal wöchentlich)
	ab 15 Jahren	(2–5mal wöchentlich)
	ab 16 Jahren	(Hochleistungstraining)

Beim Krafttraining entsteht eine optimale Trainingswirkung erst nach der Pubertät, sobald ein ausreichender Testosteronspiegel vorhanden ist.
Die angegebenen Altersgrenzen sind flexibel und entsprechen eher dem biologischen Alter. Die Eltern müssen unbedingt darauf achten, daß die Doppelbelastung von Schule und Training bei Kindern und Jugendlichen keine gesundheitlichen und psychologischen Schäden anrichtet. Solange jedoch jugendliche Golfer Freude beim Training verspüren, kann von einer Überbelastung keine Rede sein.

AUSDAUER UND AUSDAUERTRAINING

Ausdauer ermöglicht eine höhere Resistenz gegen physische und psychische Belastungen und bewirkt eine raschere Regeneration nach Ermüdung. Sie setzt sich aus den beiden Komponenten Ermüdungswiderstandsfähigkeit und schnellere Regenerationsfähigkeit zusammen. Regelmäßiges Ausdauertraining im aeroben Bereich, der im Golfsport trainiert werden muß, verbessert die gesamte psychophysische Leistungsfähigkeit.
Es bewirkt eine Senkung der Herzfrequenz, was eine Ökonomisierung der Herzarbeit bewirkt, d. h. weniger Herzschläge pro Minute. Die Folge ist eine höhere Belastbarkeit im Training und Wettkampf. Außerdem wird die Erholungsphase nach Training und Wettkampf beschleunigt. Zusätzlich stabilisiert sich die Konzentrationsfähigkeit und dadurch die Technik: Schwungbeständigkeit, Ballgefühl, Körperkontrolle, Durchhaltevermögen und Selbstbeherrschung bleiben länger verfügbar. Somit wird auch die Ausdauer zu einem entscheidenden Bestandteil der golferischen Kondition.
Im Golfsport muß speziell die allgemeine aerobe Ausdauer trainiert werden, damit für die Energiebereitstellung ausreichend Sauerstoff zur Verfügung steht (aerob = sauerstoff-abhängig).
Für die allgemeine aerobe Ausdauer ist, neben anderen Merkmalen (Höhe der aeroben und anaeroben Schwelle, Glykogenspeicher), vor allem die *maximale Sauerstoffaufnahmefähigkeit* von Bedeutung. Dabei handelt es sich um jene Sauerstoffmenge pro Minute, die maximal im Auslastungszustand aufgenommen werden kann. Die wichtigsten leistungsbegrenzenden Faktoren der maximalen Sauerstoffaufnahme sind das Herzzeitminutenvolumen (HMV), die Ventilation, die Diffusionskapazität, die arteriovenöse Sauerstoffdifferenz, das Blutvolumen und der Hämoglobingehalt des Blutes.
Abb. 15 zeigt die maximale Sauerstoffaufnahme pro kg Körpergewicht der je fünf leistungsfähigsten Sportler verschiedener Sportarten.
Mit einer maximalen Sauerstoffaufnahme zwischen 49 und 60 ml pro kg Körpergewicht liegen diese fünf Spitzengolfer im Bereich für ausdauertrainierte Sportler (siehe Tab. 2).

Tab. 2: Relative maximale Sauerstoffaufnahme in ml/kg KG/min

	untrainiert	fit	trainiert	Sportler	Spitzensportler
Männer	34	45	53–64	65–80	85–ca. 90
Frauen	28	37			

Das Training der allgemeinen aeroben Ausdauer beinhaltet eine Grundlagenausdauer, die sportartspezifisch unabhängig ist. Jeder Sportler – auch der Golfer – braucht diese Ausdauergrundlage.
Ausdaueruntrainierte Golfer sollten im Training eine Herzfrequenz von

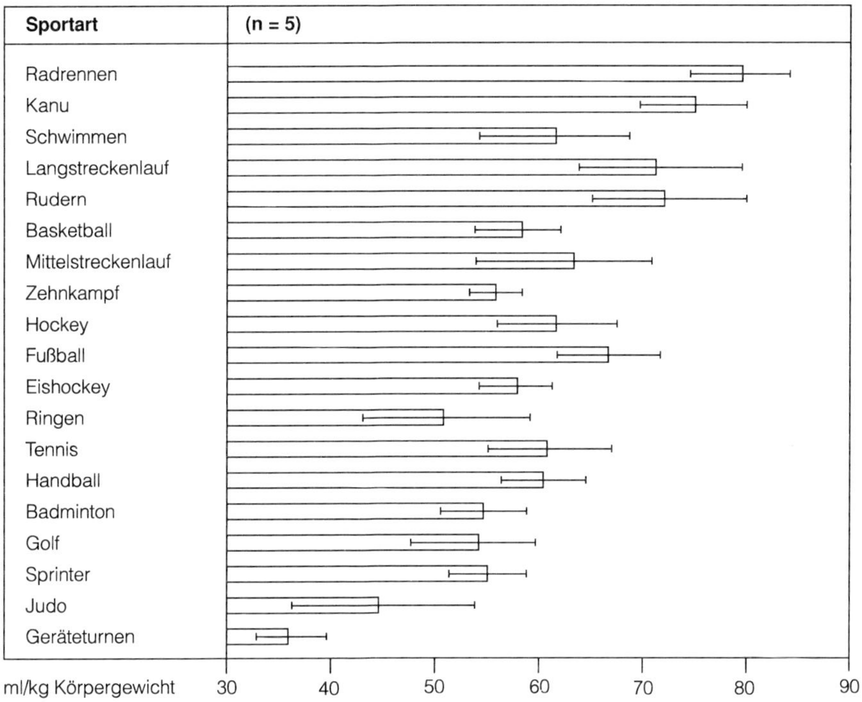

Abb. 15:
Maximale Sauerstoffaufnahme bei verschiedenen Sportarten

Quelle: Grosser u. a., Leistungssteuerung in Training und Wettkampf, BLV Sportwissen, München 1986, S. 115.

130/min anstreben. Grundsätzlich ist zu bemerken, daß ein Ausdauertraining einmal pro Woche für die Erreichung einer Trainingswirkung zu wenig ist. Wer noch weniger trainiert, fängt immer wieder von vorne an.
Bei völlig untrainierten Personen bewirkt auch die Herzfrequenz von 100 bis 110/min noch eine positive Trainingswirkung, sofern eine Belastungsdauer von ungefähr 1 Std./Tag vorliegt. Anpassungserscheinungen ergeben sich bei einem derartigen Training nach 8 bis 10 Wochen durch die Verbesserung der maximalen Sauerstoffaufnahme um ca. 12 bis 15%. Nach 12 bis 15 Wochen lassen sich bereits eindeutige Verbesserungen im Gesundheitsbereich nachweisen. Golfer mit Herz-Kreislauf-Problemen müssen vor dem Beginn eines Ausdauertrainings eine medizinische Untersuchung durchführen, um eventuelle Komplikationen auszuschließen.

Trainingsmethodik für Untrainierte

Herzfrequenz: HF von 130/min oder, über dem 50. Lebensjahr, 180 minus Lebensalter in Jahren

Trainingsumfang: täglich 10 min oder besser 4mal 15 min/Woche oder 3mal 20 min/Woche oder 2mal 30 min/Woche.

Trainingsmittel: Bei einem Trainingsumfang von 60 min/W müßte man 9 bis 12 km laufen oder 20 bis 25 km radfahren.

Tab. 3: Aufbautraining „Radfahren" (2 bis 3 TE/Woche)

Woche	km/Woche	km/TE	Woche	km/Woche	km/TE
1	10–21	5–7	7	25–36	11–12
2	12–24	6–8	8	24–39	12–13
3	12–24	6–8	9	25–39	12,5–13
4	16–27	8–9	10	26–42	13–14
5	20–33	10–11	11	26–42	13–14
6	22–36	11–12	12	28–45	14–15

TE = Trainingseinheit

Tab. 4: Aufbautraining „Laufen" (2 bis 3 TE/Woche)

Woche	Gehen/Laufen in Minuten	Trainingszeit
1	2G 1L 3G 1L 2G 1L 2G 1L 2G 2L 3G	20
2	1G 1L 1G 2L 1G 2L 2G 2L 2G 2L 4G	20
3	1G 1L 1G 2L 2G 3L 2G 1L 2G 2L 3G	20
4	1G 1L 1G 2L 2G 3L 2G 2L 2G 2L 2G	20
5	1G 2L 1G 2L 1G 2L 3G 2L 1G 2L 3G 2L 1G 3L 4G	30
6	1G 2L 1G 2L 1G 2L 2G 2L 1G 2L 2G 3L 2G 3L 4G	30
7	1G 2L 1G 2L 1G 2L 2G 2L 1G 2L 2G 3L 2G 3L 4G	30
8	1G 3L 1G 2L 1G 3L 1G 2L 1G 3L 2G 3L 1G 3L 3G	30
9	1G 3L 1G 3L 1G 3L 2G 2L 2G 3L 1G 5L 3G	30
10	3L 2G 4L 2G 3L 1G 3L 1G 4L 1G 4L 2G	30
11	3L 2G 4L 2G 3L 1G 3L 1G 4L 1G 4L 2G	30
12	3L 2G 4L 1G 3L 2G 5L 1G 4L 1G 3L	30

Trainingsmethodik für Fortgeschrittene

Herzfrequenz: 170 minus halbes Lebensalter plus/minus 10/min (= ca. 150 HF/min)

Trainingsumfang: 3 Stunden pro Woche; möglich als 30 bis 40 min täglich oder 5mal 35 bis 40 min oder 4mal 45 bis 50 min oder 3mal 60 bis 70 min wöchentlich

Trainingsmittel: Bei einem Trainingsumfang von 3 bis 4 Stunden pro Woche müßte man 35 bis 40 km laufen oder 70 bis 80 km radfahren.

Tab. 5: Richtwerte für Wochenleistungen

Laufen mit	60 kg	70 kg	80 kg Körpergewicht
	40 km oder 4 Stunden	38 km oder 3,5 Stunden	35 km oder 3 Stunden
Radfahren mit	60 kg	70 kg	80 kg Körpergewicht
	80 km oder 4 Stunden	75 km oder 3,5 Stunden	70 km oder 3 Stunden

Die Trainingsmethodik für Fortgeschrittene ist im Sinne eines optimalen Ausdauertrainings zu verstehen, das fortwährend betrieben werden muß, um ein konstantes golfspezifisches Ausdauerniveau beizubehalten.

BEWEGLICHKEIT UND BEWEGLICHKEITSTRAINING

Gute Beweglichkeit ist im Golfsport eine notwendige Bedingung für eine qualitativ optimale Ausführung der Körperdrehung. Der Golfschwung ist von einer ausgeprägten Dynamik gekennzeichnet und verlangt daher eine aktive Beweglichkeit in den Schulter- und Hüftgelenken sowie im gesamten Bereich der Wirbelsäule.

Beim Training der Beweglichkeit ist darauf zu achten, daß ein zu stark forciertes Krafttraining eine verminderte Beweglichkeit bewirkt (Bodybuilding) und andererseits ein übertriebenes Beweglichkeitstraining die Schnellkraftfähigkeit negativ beeinflußt. Darum soll nicht eine maximale Beweglichkeit angestrebt werden, sondern eine optimale golfspezifische Beweglichkeit. Hat man diese optimale Beweglichkeit erreicht, darf mit dem Beweglichkeitstraining nicht ausgesetzt werden, da es sonst zu einem Verlust an Beweglichkeit kommt.

Für funktionelles Beweglichkeitstraining empfiehlt sich die Methode des *Dehnens* (Stretching). Dabei werden die kontraktilen Elemente des Muskels über die Ruhelage hinaus langgezogen.

Beim Golf ist die Ausholbewegung im Rückschwung insofern wichtig, als die betreffende Muskulatur dabei vorgedehnt wird und somit ein optimaler Spannungsaufbau eintritt (Katapulteffekt). Diese Dehnung der Muskulatur sorgt für einen dynamischeren Abschwung, als wenn man den Schläger im Rückschwung nur in eine bestimmte Position bringt und aus dem Stillstand wieder abschwingt.

Stretching

Stretching ist die haltende (statische) Ausführung einer gymnastischen Übung und dient zur Beweglichkeitssteigerung.

Manche Spieler neigen genetisch bedingt – oder aufgrund jahrelangen unfunktionellen Trainings – zu Unterbeweglichkeit (Hypomobilität) oder zu Überbeweglichkeit (Hypermobilität).
Bei der *Hypomobilität* ist der Bewegungsumfang eingeschränkt. Kraft, Schnelligkeit, Ausdauer und Koordination sind dadurch in ihrer Entfaltung behindert. Die Folge ist eine qualitativ schlechte Bewegung während des Schwunges. Die Treffsicherkeit ist vermindert, und außerdem besteht ein erhöhtes Verletzungsrisiko (z. B. Rippenbrüche).
Die *Hypermobilität* hingegen erschwert die Stabilisation der betroffenen Gelenke, die Folge ist eine höhere Verletzungsanfälligkeit in der betroffenen Gelenkstruktur. Dies erfordert ein größeres Maß an muskulärer Kompensation (Krafttraining).
Es sollten aber nicht nur jene Muskeln gedehnt werden, die für einen präzisen dynamischen Golfschwung notwendig sind, da individuelle Haltungsfehler oder -schwächen auch auf verkürzter Muskulatur beruhen können. Diese bewirkt wiederum eine Beeinträchtigung des Golfschwunges und kann zu Schmerzen im Bereich der Wirbelsäule führen.

Dehnungstechniken

1. Ballistic Stretching (Dynamisches Dehnen)

Bei dieser Methode wird *wippend* und *federnd* gedehnt, wodurch der muskulär-reflektorische Widerstand stark erhöht wird, was zu Kontraktionen in der betreffenden Muskulatur führt. Eigentlich müßte diese „Dehntechnik" dem plyometrischen Krafttraining zugeordnet werden: Wippen und Federn fördern die Schnellkraft, weil nach der Dehnung sofort wieder eine Kontraktion erfolgt.
Die Nachteile dieser Dehntechnik sind eine erhöhte Verletzungsanfälligkeit, wenn bereits Haltungsfehler durch verkürzte Muskulatur vorhanden sind. Zusätzlich können die Bänder und Sehnen überbelastet werden, was die Stabilität der Gelenke beinträchtigt und die Bildung von Schlottergelenken fördert.
Deshalb darf nur die golfspezifische Muskulatur, die für die Schnellkraft wichtig ist (Armmuskulatur), in dieser Form trainiert werden. Trotzdem sollte die schnellkräftige Muskulatur mit Hilfe statischer Dehntechniken trainiert werden, um Regenerationsmaßnahmen zu beschleunigen und Verletzungen zu vermeiden.
Wird diese Dehntechnik gewählt, muß der Muskel vorher aufgewärmt werden, um Muskelfasereinrissen entgegenzuwirken.

2. Static Stretching (Statisches Dehnen)

Dies ist die Technik des *gehaltenen Dehnens.* Dabei werden die zu dehnenden Muskeln langsam in eine Dehnungslage gebracht, die über einen längeren Zeitabschnitt beibehalten wird.
Diese Methode hat den Vorteil, daß Verletzungen in Form von Fasereinrissen weitgehend vermieden werden, da nur die Muskulatur in ihrer Struktur gedehnt wird und Bänder sowie Sehnen entlastet werden.

3. CHRS-Methode

Diese Dehntechnik unterteilt sich in verschiedene Phasen:

- *Contract:* anspannen
- *Hold:* halten
- *Relax:* entspannen
- *Stretch:* dehnen

Zu Beginn findet eine maximale isometrische Kontraktion statt, die nach ihrer Beendigung eine kurze Entspannung in der Muskelstruktur bewirkt. In dieser Phase ist der Muskel besonders dehnfähig. Danach erfolgt die Dehnung.

4. SHCHRS-Methode

Wenn aber bereits Muskelverspannungen vorliegen, kann die CHRS-Methode die Entspannung negativ beeinflussen. Dies würde auch die anschließende Dehnung weniger wirksam machen (Golfer mit Tendenz zu hypertonischer Muskulatur).
Deswegen ist es besser, gleich mit einer Dehnung zu beginnen und danach die Anspannungsphase einzuleiten. In diesem Fall sollte man die unserer Meinung nach optimalste Dehntechnik, eine Mischform von Static und CHRS-Stretching, anwenden: die SHCHRS-Methode.

- *Stretch:* erstes Dehnen
- *Hold:* halten
- *Contract:* anspannen (die erste Dehnposition muß beibehalten werden)
- *Hold:* halten
- *Relax:* entspannen
- *Stretch:* zweites verstärktes Dehnen

Methodik der Dehnübungen (Richtwerte)

Ballistic/Static Stretching

Dehndauer pro Übung:	15 bis 30 sec
Wiederholungszahl je Muskelgruppe:	4- bis 6mal

CHRS-Methode

Anspannungsdauer:	5 bis 10 sec
Lösen der Kontraktion:	2 bis 4 sec
Dehndauer:	15 bis 30 sec
Wiederholungszahl je Muskelgruppe:	3- bis 5mal

Mischform (SHCHRS) von Static Streching und CHRS-Methode

1.Dehnphase:	20 bis 30 sec
Anspannungszeit:	5 bis 10 sec
Lösen der Kontraktion:	3 bis 5 sec
2. Dehnphase:	20 bis 30 sec
Wiederholung je Muskelgruppe:	3- bis 4mal

GEWANDTHEIT UND GEWANDTHEITSTRAINING

Unter Gewandtheit versteht man die *Qualität der Koordination sportlicher Bewegungsabläufe.* Die golfspezifische Gewandtheit verlangt, daß Schwungbewegungen ökonomisch, rhythmisch und kontrolliert durchgeführt werden. Überflüssige Mitbewegungen (technische Kompensationsfehler) müssen vermieden werden, da sie den Ablauf der Schwungbewegung hemmen. Zusätzlich sollte die innere Einstellung positiv und stabil sein, damit Gewandtheit und Psyche voneinander profitieren.

Das Erlernen von Bewegungsfertigkeiten und der ständige Neuerwerb an Bewegungserfahrung sind Voraussetzungen für das Gewandtheitstraining. Spezifische Kraft-, Beweglichkeits- und Ausdauerübungen müssen mit dem Gewandtheitstraining kombiniert werden, um eine Konditionierung zu erreichen. Gewandtheitstraining darf aber niemals in ermüdetem Zustand stattfinden, z. B. nach einem Kraft- oder Ausdauertraining! Das Training der Gewandtheit verbessert die motorische Lernfähigkeit, die Anpassungs- und Umstellungsfähigkeit sowie die Steuerungsfähigkeit. Technische Bewegungsabläufe gewinnen dadurch an Qualität und stehen im Lauf der Zeit in der Feinstform zur Verfügung.

In der Trainingspraxis (siehe Übungsbeispiele!) wird die zu übende Bewegungsfertigkeit einfach fortwährend wiederholt. Man übt eine spezifische Golfbewegung so lange, bis sie automatisiert und jederzeit – auch in Streßsituationen – verfügbar ist. Gewandtheit ist aber auch die Fähigkeit, extreme Situationen zu meistern, indem aus den erworbenen Bewegungsfertigkeiten jene ausgewählt werden, die für eine optimale Lösung der Spielsituation erforderlich sind. Oft müssen dabei auch neue Bewegungsabläufe gefunden werden. Diese spezielle Gewandtheit läßt sich gut unter erschwerten Bedingungen (Wind, Regen) und durch Einführung veränderter Situationen (Rough, Bunker, Schräglagen etc.) trainieren.

Eine zusätzliche Möglichkeit, die Speicherkapazität der Gewandtheit zu vergrößern, ist das *bilaterale Training:* Ein Rechtshänder z. B. versucht, die Schwungbewegung wie ein Linkshänder auszuführen. Dieses Trainingsverfahren trägt zu einer komplexeren Gewandtheit bei. Gewandtheitstraining im bilateralen Sinn ist vor allem für Leistungsgolfer sinnvoll.

DIE GOLFPSYCHE

Die Erforschung der mentalen Möglichkeiten, die einem Golfer zur Verfügung stehen, steckt noch in den Kinderschuhen. Es wurde mit medizinischen (Hypnose) und medikamentösen Methoden (Psychopharmaka) experimentiert, um regulativ in die Psyche des Sportlers eingreifen zu können. Das Golfspiel verlangt aber eine davon unabhängige *Psychoregulation,* weil eine ständige Kontrolle über die eigenen Gedanken und Gefühle gegeben sein sollte.
Grundsätzlich versteht man unter Psychoregulation die Herstellung oder Beibehaltung eines optimalen inneren psychovegetativen Zustandes. Das golferische Denken fordert eine komplexe Beteiligung beider Gehirnhemisphären, weil im Golf Analyse *und* Intuition, Logik *und* Vorstellung, Planung *und* Kreativität erforderlich sind.

Der härteste Gegner

Der Golfer hat im Grunde genommen nur einen wirklichen Gegner: SICH SELBST! Weder Mitspieler noch externe Störgrößen wie Rough, Bunker, Wind, Regen, Geräusche etc. sind die wahren begrenzenden Faktoren für seine Leistung. Tatsächlich begrenzende Faktoren sind vielmehr falsches Denken und unkontrollierte Gefühle.
Unter *falschem Denken* versteht man:

- negativ zu denken, d. h. sich auf das Schlechte zu konzentrieren, ängstliches oder verkrampftes Denken
- zeitverschoben zu denken, d. h. mit den Gedanken in der Vergangenheit oder in der Zukunft zu sein
- unrealistisch zu denken, d. h. seine eigenen Fähigkeiten zu unter- oder zu überschätzen.

Unkontrollierte Gefühle sind: Furcht, Erregung, Nervosität, Verkrampfung, Wut/Zorn, Unbeherrschtheit, Lustlosigkeit, Hektik, Verzweiflung, Frust, Trägheit und Panik.
Die richtige psychische Einstellung ist keine vererbte, sondern eine *erlernbare* Fähigkeit. Die allgemeine Persönlichkeit eines Spielers hat nichts mit mentaler Stärke zu tun. Denn es gibt eine Konstellation mentaler Fähigkeiten, die alle erlernbar sind: positiver Realismus, Selbstmotivation, Gefühlskontrolle, innere Ruhe, Handlungsbereitschaft, Entschlossenheit, Selbstbewußtsein, Verantwortungsbewußtsein, Konzentrationsfähigkeit, Visualisierung und Entspannung.
Das Ziel des Psychotrainings besteht darin, jene persönliche Symbiose aus

diesen Fähigkeiten zu finden, welche es ermöglicht, die gesetzten Anforderungen am ökonomischesten zu realisieren.
Der wichtigste Grundsatz beim Erlernen dieser Fähigkeiten ist die Freude an den Herausforderungen, die das Golfspiel mit sich bringt. Je schwieriger die Situation ist, desto mehr Spaß macht die Lösung der gestellten Aufgabe. Erfolgreiches Golfspielen wird sich dann früher oder später von alleine einstellen.
Die Lösung der Aufgaben kann somit nicht erzwungen oder verkrampft erkämpft werden, sondern wird sich mit der Zeit durch ein komplexes funktionelles psychophysisches Trainingsprogramm von selbst ergeben. Der Kampf gegen das Negative Ich – den härtesten Gegner – findet fortwährend statt. Ihn so oft wie möglich zu gewinnen, ist ein Hauptziel jedes Golfers!
Der *erste Schritt* zur Erreichung der geistigen Stärke liegt im Vorsatz, die vier golfspezifischen Voraussetzungen (funktionelles Körper- und Techniktraining, positive Psyche und richtige Ernährung) planmäßig anzuwenden.
Der *zweite Schritt* ist die Konzentration auf das Positive. Dabei versucht man, nur das Positive zu sehen und sich daran zu erinnern. Kommt z. B. nach einem gut gelungenen Abschlag der Ball in einem Divot zu liegen, wird man diese neue Herausforderung locker und gelassen annehmen, weil solche Fälle bereits durch ein regelmäßiges Training geübt wurden und man dadurch weiß, wie solch ein Schlag ausgeführt wird. Die Wut, die die meisten Golfer haben, wenn der Ball in einem Divot zu liegen kommt, ist im Grunde nur die Angst vor einem Schlag, den man noch nie intensiv trainiert hat.
Der *dritte Schritt* ist die Gefühlskontrolle: Man muß lernen, die negativen Eigenschaften der unkontrollierten Gefühle in positive Gefühle umzuwandeln.

Furcht	→	Furchtlosigkeit
Erregung	→	Selbstkontrolle
Nervosität	→	Gelassenheit
Verkrampfung	→	Lockerheit
Wut/Zorn	→	Freude
Unbeherrschtheit	→	Beherrschtheit
Lustlosigkeit	→	Wille
Hektik	→	Ruhe
Verzweiflung	→	Mut
Frust	→	Motivation
Trägheit	→	Fleiß
Panik	→	Anreiz

Motivation und Zielsetzung

Wie motiviert man einen Spieler, der privat zu viel aufgeben muß, um sein hochgesetztes Ziel zu erreichen? Wie ist es mit einem Golfer, der sein Trainingsprogramm nicht regelmäßig einhält, weil . . .

- es für ihn zu schwierig ist?
- ihm die Zeit fehlt (Schule, Beruf)?
- er zu träge ist?
- er einfach keinen Erfolg hat?

Und was kann einen Spieler noch motivieren, der sein Hauptziel schon erreicht hat und sich auf seinen Erfolgen ausruht, der außerdem glaubt, nichts mehr beweisen zu müssen?
Zur Lösung dieser Probleme braucht ein Golfer Vertrauen (zu sich selbst und zum Trainer), Kraft (psychische und physische), Freude und ein gewisses Maß an Eigen- und Fremdmotivation. Zusätzlich sollte er seine Gedanken und Gefühle jederzeit fest im Griff haben: Einen mißlungenen Schlag muß man völlig vergessen, um sich *vollständig* auf den nächsten Schlag konzentrieren zu können. Hingegen soll man gelungene Schläge in Erinnerung behalten und ins Unterbewußtsein einspeichern. Dies unterstützt zusätzlich die Automatisierung des funktionellen Bewegungsablaufes.
Sinnvolle Motivation steht in engem Zusammenhang mit kurz- oder langfristigen Zielsetzungen, die realistisch sein müssen:
Kurzfristige Ziele (1 bis 6 Monate) dürfen nicht allzu hoch gesteckt sein, müssen aber konsequent angestrebt werden. Sie beziehen sich auf die Bewältigung physischer und psychischer Probleme und auf die Verbesserung von Technik und Ernährung.
Zum Beispiel versucht ein Golfer, die Länge seiner Drives zu verbessern, indem er ein spezifisches Trainingsprogramm für Kraft und Schnellkraft durchführt, um die Schlägerkopfgeschwindigkeit zu erhöhen. Psychisch wird er sich zu entspannen versuchen, damit er fühlen kann, wie seine Arm-, Nacken- und Schultermuskeln mit der Zeit immer entspannter werden und wie diese Lockerheit der Muskulatur während der Schwungbewegung bestehen bleibt. Auf technischer Basis wird er seinen Griff, seine Körperstellung, seine Schwungphasen mittels Video kontrollieren, um eine optimale Technikansteuerung zu erreichen. Er wird sein Kraft- und Schnellkraft-Trainingsprogramm durch entsprechende Nahrungsaufnahme (mehr Eiweiß) steuern. Die Summe all dieser Verbesserungsfaktoren wird ein optimales und schnelles Erreichen des Ziels (längere Drives) ermöglichen.
Langfristige Ziele erstrecken sich über ein oder mehrere Jahre; auch sie sollten klar und realistisch sein und dürfen weder zu hoch noch zu niedrig gesteckt sein. Es empfiehlt sich, sie zeitlich flexibel zu halten, indem man dem angestrebten Ziel einen zeitlichen Spielraum einräumt.
Zum Beispiel setzt sich ein Profi-Golfer, der momentan die Nummer 100 auf der Sony-Rangliste ist, das Ziel, in drei bis fünf Jahren unter den Top 20 zu sein. Dies wäre ein realistisch gesetztes Langzeitziel, das durchaus erreichbar ist: es ist weder zu hoch noch zu niedrig gesteckt.

Leistung durch Vertrauen

Jeder setzt sich selbst unter Leistungsdruck. Es sind nicht die äußeren Faktoren (Gegner, Wichtigkeit eines Turniers, Regen, Wind, Schwierigkeitsgrad eines Platzes), die einen Golfer unter Druck setzen, sondern es ist eher seine Angst vor dem Versagen. Dieser Druck kann nur durch Vertrauen in die eigene Technik und Vorbereitung abgebaut werden: Je besser ich trainiere, um so mehr steigt mein Vertrauen in mich selbst.

Mentales Training

Entspannen

Entspannungsübungen sind besonders wichtig bei Nervosität, Konzentrationsmangel, Erschöpfung von Körper und Geist, Besorgtheit, Unsicherheit und Angst. Sie lassen sich

- vor dem Aufwärmen,
- beim Erlernen einer neuen Technik oder
- nach dem Training oder Wettspiel

einsetzen. Man kann sich entspannen durch

Musik: Man liegt auf dem Bett, hört seiner Lieblingsmusik zu und läßt den Gedanken freien Lauf. Diese Art des Entspannens sollte man 20 bis 40 Minuten anwenden, am besten täglich.

Kontrolliertes Atmen: Man konzentriert sich auf die Bauchbewegung. Beim Einatmen hebt man die Bauchwand und beim Ausatmen zieht man sie ein. Dies soll 5 bis 10 Minuten dauern.

Visualisierung: Man stellt sich zum Beispiel den richtigen technischen Bewegungsablauf vor und wiederholt ihn mehrmals in Gedanken.

Autosuggestion: Durch realistisches Selbstsuggerieren („Ich bin heute besser, ich bin locker“ etc.) erreicht man eine Stabilisierung des psychischen Zustandes. Die Folge ist eine Erhöhung der Konzentration.

Abwechslung: Nervosität läßt sich sehr gut abbauen, wenn man die ängstlichen Golfgedanken verdrängt und sich mit anderen Dingen beschäftigt.

Jogging: Nach Training oder Wettspiel empfiehlt sich ein leichtes Jogging als Cool-down zum Abbau negativer Gedanken und Gefühle sowie zur neuerlichen Motivation.

Planen

Um seine Gedanken und Handlungen organisieren zu können, muß man zunächst seinen momentanen Ist-Zustand in den Bereichen der Kondition, der Psyche, der Technik und der Ernährung feststellen:

- Wie gut ist meine Beweglichkeit?
- Wieviel Konzentrationsfehler mache ich bei einer Runde?
- Was ist momentan mein schwächster technischer Punkt?
- Bin ich auf meinem Idealgewicht?

Danach erfolgt die Festsetzung der kurzfristigen Ziele in allen vier Bereichen. Ab nun sollten die eigenen Gefühle (positiver und negativer Natur) und alle Golfresultate schriftlich festgehalten werden. Diese genaue Buchführung ermöglicht Rückschlüsse auf den Einfluß von Gefühlen auf die Resultate. Nur eine solche Selbstkontrolle macht es möglich, auf dem schnellsten Weg Fortschritte zu machen und sich Langzeitziele zu setzen und vor allem zu realisieren, von denen man nie zu träumen gewagt hätte.

LEISTUNGSOPTIMIERUNG

Unter Leistungsoptimierung versteht man alle Trainingsmethoden, welche die golfmotorischen Eigenschaften verbessern und zu einer besseren Leistung führen. Erreichbar ist dies durch die Koppelung von Kompensationstraining mit funktionellen Trainingsübungen zur Steigerung der golfmotorischen Kondition.
Zur *Verbesserung der golfmotorischen Kondition* müssen folgende zehn Grundsätze eingehalten werden, wenn Leistungsoptimierung angestrebt wird:

1. Muskelaufbautraining zwischen 40 und 60% der Maximalleistung
2. Muskelaufbautraining zwischen 60 und 80% der Maximalleistung
3. intramuskuläres Koordinationstraining zwischen 75 und 95%
4. Schnellkrafttraining
5. konträres und plyometrisches Krafttraining
6. Beweglichkeitstraining
7. Gewandtheitstraining
8. aerobes Ausdauertraining
9. funktionelles Aufwärmen vor Training und Wettkampf
10. mentales Training

Abhängig sind diese Punkte von folgenden Faktoren:

- Alter (biologisch und chronologisch)
- Geschlecht
- Leistungsklasse
- aktueller Trainingszustand (körperliche Verfassung)
- Beschwerdenkomplex

Für die *Optimierung der golfspezifischen Leistung* ergeben sich somit sieben Prinzipien:

1. **Krafttraining** im allgemeinen und speziellen Sinn.
2. **Schnellkrafttraining** zur Verbesserung der intermuskulären Schnellkoordination.
3. **Beweglichkeitstraining** zur Bekämpfung golfmotorischer Hypomobilität.
4. **Gewandtheitstraining** zur Verbesserung golftechnischer Elemente.
5. **Ausdauertraining** im aeroben Bereich zur Beseitigung von physischen und psychischen Ermüdungszuständen.
6. **Aufwärmen** im funktionellen Sinn zur besseren Vorbereitung auf Trainings- und Wettspielbelastungen.
7. **Mentales Training** zur Verbesserung der Psychoregulation.

TECHNIKTRAINING

Methodik und Ratschläge

Beim Golfen stellt ein funktionelles Techniktraining einen mehrjährigen Prozeß der Entwicklung und Perfektionierung spezieller Bewegungsabläufe dar. Es sollte auf den technischen (und konditionellen) Leistungszustand des Golfers abgestimmt werden. Zum Erlernen golftechnischer Fähigkeiten ist das vorpuberale Alter das günstigste; es bietet die beste Voraussetzung zum Erreichen der persönlichen Bestleistung, weil die motorischen und intellektuellen Fähigkeiten ideal ansprechbar sind. Eine Verbesserung der Technik dient im wesentlichen der Ökonomisierung des Golfbewegungsablaufes: Je ökonomischer man schwingt, um so einfacher wird es, maximale Leistungen zu erbringen und Energie für die Konzentration einzusparen. Perfektionierung der Technik ist jedoch nur dann möglich, wenn auch den konditionellen und anthropometrischen Merkmalen sowie dem Talent des Golfers Rechnung getragen wird. Der Golfer soll sich also nicht der Technik anpassen, sondern die Technik dem Golfer. Die Methode des Techniktrainings ist das *systematische und variable Üben.*

Von einem wirklich leistungsfördernden Techniktraining weiß die Mehrheit der Amateur-Golfer offensichtlich sehr wenig: Beobachtet man Golfer auf einer Driving-Range, so sieht man immer wieder, wie sie sich ihre Schwungfehler konsequent antrainieren. Diese Fehler werden aber nicht bewußt, sondern aus Unwissenheit gemacht! Planlos werden Hunderte von Golfbällen innerhalb einer möglichst kurzen Zeit auf der Range verschossen. Die Bälle werden dabei immer schlechter getroffen. Normalerweise schlägt der Spieler dann mit noch mehr Einsatz noch mehr Bälle. Er befindet sich somit in einem Teufelskreis: Je mehr er übt, um so schlechter wird er! Dabei läßt die anfängliche Gelassenheit nach und wird durch Nervosität und Hektik ersetzt. „Ein guter Schlag muß doch gelingen . . . gestern hat es so gut geklappt, warum jetzt nicht?“ denkt sich der Spieler. Schlußendlich verliert er die Beherrschung. Der ursprüngliche Trainingswille wird zu Enttäuschung, Zorn, Lustlosigkeit und zuletzt Frust. Der Golfer wird aber nie aufgeben, da zwischendurch doch ein guter Schlag gelingt. Er reizt den Golfer zusätzlich und verschlimmert eher die Situation. Sein Golfspiel wird damit zu einer Art „Selbstbestrafung“! Erst nach einer mehrtägigen Pause wird er wieder Lust und Freude auf das Golfspiel bekommen, obwohl er im Unterbewußtsein genau weiß, daß außer Erregung und Verzweiflung nichts herauskommen wird – oder doch?

Hier werden nur jene Methoden angeboten, die *jedem* Golfer dabei helfen können, seine persönliche optimale Tages- und Jahresbestleistung zu erreichen. Zur Aneignung der Golftechnik selbst verweisen wir auf die reichhaltige einschlägige Literatur. Im übrigen ist der Golftrainer am besten dazu geeignet, die für seinen Schüler zweckmäßigste Technikvariante herauszufinden.

Pulsating Training

Die Methode des „Pulsating Trainings“ besteht darin, die aktiven Trainingsphasen durch passive Phasen (Pausen) jeder Art – Stretching, Entspannen und Essen – zu unterbrechen. In einer Trainingseinheit von 80 bis 160 Minuten sollte man nach jeweils 10 bis 20 Minuten eine Pause von 5 bis 10 Minuten einlegen.
Der Sinn dieser Trainingsart liegt in der funktionellen Anwendung der vorher erlernten Schwungtechnik; die ökonomische Golfbewegung soll automatisiert werden. Dies ist das Hauptziel des Techniktrainings, da konstant gute Golfleistungen erst durch eine entsprechende Automatisierung ermöglicht werden. In diesem Fall läuft die Schwungbewegung auch unter Druck in der Feinstform ab.
Die eingeübten Bewegungsabläufe werden im Unterbewußtsein gespeichert. Deshalb ist es von Wichtigkeit, möglichst nur „gute“ Bewegungen auszuführen, da auch „schlechte“ Bewegungen gespeichert werden.
Die Übungsdrills ermöglichen durch das Prinzip der *muscle memory* eine schnelle und gezielte Automatisierung des Schwunges. Man trainiert dabei einen Teil des Bewegungsablaufes in ganz speziellen Ausführungen. Die Drills stellen die schnellste und effektivste Methode zum Erlernen oder Verbessern von Golfbewegungen dar. Ungefährlich sind sie aber nicht: Wird eine Drillübung zu lang geübt, kann auch der gegenteilige Effekt erreicht werden!

Beispiel: Ein Golfer hat einen Slice. Der Trainer rät ihm zum Einarmschwung-Drill, da die Ursache für den Slice mangelnde Schnellkraft in den Armen ist. Führt der Golfer die Übung regelmäßig und funktionell aus, so wird nach einer gewissen Periode der Slice verschwinden. Übertreibt er aber die Übung, so wird sich früher oder später ein Hook einstellen: Die Arme schwingen nun zu schnell im Verhältnis zur Körperrotation.

Schon als Anfänger sollte man sich ein Vorbereitungsritual *(pre-shot routine)* antrainieren. Es unterstüzt die Automatisierung des Golfschwunges und fördert außerdem die Konzentration und das richtige Zielen. Gedanken und Bewegungen werden synchronisiert und laufen in einem gleichmäßigen Tempo ab.
Idealerweise sollte man sich beim Wettspiel nur auf den Rhythmus des Spiels und auf das jeweilige Ziel konzentrieren. Schwunggedanken (z. B.

mit dem linken Knie den Abschwung einleiten) sollten beim Training und nur ausnahmsweise während einer Wettspielrunde eingesetzt werden.

Beispiel: Ein Spieler bemerkt, daß sein üblicher Fade sich in einen kleinen Slice verwandelt hat. Geschieht dies einige Tage vor einem Turnier und kann er das Problem nicht selbst lösen, sollte er die Hilfe des Golftrainers beanspruchen. Geschieht dies einige Stunden vor dem Turnier und kann er das Problem nicht selbst lösen, sollte er seine Ausrichtung in der Ansprechposition leicht nach links verlegen. Vergrößert die Änderung jedoch sein Problem, so soll er „überkompensieren". Er hält den Schlägerkopf geschlossen, d. h. er zeigt beim Ansprechen links am Ziel vorbei. Zusätzlich sollte er sich mental auf einen Hook einstellen. Erzeugt dies einigermaßen gerade Flugbahnen der Bälle, so ist es in diesem Fall die richtige Lösung und sollte von positiven Gedanken (Vertrauen, Freude etc.) begleitet werden. Erst nach dem Turnier sollten die notwendigen Technikveränderungen auf der Range mit Hilfe von Golftrainer und Video vorgenommen werden.

Richtlinie für den Ablauf eines Pulsating Trainings

KURZES SPIEL	*LANGES SPIEL*
10–20 min putten	PW, 9er- bis 5er-Eisen
5–10 min Pause	Pause
10–20 min chippen	4er- bis 1er-Eisen, Fairway-Hölzer
5–10 min Pause	Pause
10–20 min pitchen	Driver, PW

Beim Training sollte die Reihenfolge kurzes Spiel vor langem Spiel eingehalten werden. Vor einem Turnier kommt hingegen zuerst das lange Spiel und dann das kurze Spiel. Zuerst trainiert man die Technik und dann das Ballgefühl. Es ist sinnlos, das Ballgefühl mit einer nicht ausgereiften Technik zu üben, da dies die Automatisierung des Bewegungsablaufes nur erschweren würde. Das Training des Ballgefühls dient zum Erlernen der intuitiven Abschätzung der Distanzen. Beim Techniktraining werden viele Bälle über die gleiche Distanz geschlagen. Wird das Ballgefühl trainiert, muß jeder Schlag über eine andere Distanz gespielt werden (z. B. die „Regenschirme-Pitch"-Übung, siehe S. 131).
Beim Üben auf der Range sollte man sich ab und zu Hindernisse vorstellen oder besser noch im Geist eine Runde abspielen. Diese Visualisierung fördert das Konzentrationsvermögen und die Golfreflexe.
Während der aktiven Phase des Pulsating Trainings sollte man sich variabel konzentrieren, d. h. zuerst schwach, dann stark, wieder schwach, und zuletzt volle Konzentration. Dies erreicht man, indem man die Ziele (Fahnen, Di-

stanzschilder, Bäume etc.) in ihrer Genauigkeit und Größe variiert. Zum Beispiel werden die ersten PW-Schläge auf ein breites Ziel (Baumgruppe) geschlagen, die hohen und mittleren Eisen auf ein engeres Ziel (breiter Baum), die langen Eisen und Hölzer wiederum auf ein breiteres Ziel (Distanz zwischen zwei Bäumen) und zum Schluß die PW auf einen ganz bestimmten Punkt (Distanzschild, Fahne).
Ähnlich wie beim Konditionstraining dürfen auch Technik-Trainingsprogramme nie monoton sein. Nach einem abgeschlossenen Grundlagentraining muß die Trainingsgestaltung jeweils variiert werden. Nur so ergeben sich die effektivsten Leistungssteigerungen.
Jedes Techniktraining birgt auch die Gefahr eines Unter- und Übertrainings. Ein *Untertraining* entsteht bei zu geringen Intensitäten (mangelhafte Konzentration, untersensibilisiert, oberflächliche Ausführung von Drills etc.) und Trainingsumfängen (zu geringer Zeitaufwand) und zu langen Pausen.
Ein *Übertraining* tritt bei zu hohen Intensitäten und Trainingsumfängen und bei zu kurzen Pausen ein. Eine höhere, aber kurze Intensität während einer Trainingseinheit hat einen größeren Leistungszuwachs zur Folge als eine geringere, aber längere Intensität: Öfter und kürzer ist besser als allzuviel auf einmal!

Tab. 6: Richtlinien für den Trainingszeitraum

Anfänger (ohne Platzreife)	3 bis 6 TE/Woche	nur Range
Fortgeschrittene (H'cap 10 bis 36)	4 bis 8 TE/Woche	Range 50% Platz 50%
Single-H'caps	4 bis 10 TE/Woche	Range 30 bis 50% Platz 50 bis 70%
Top-Amateure (Trainings- und Vorbereitungsphase)	8 bis 12 TE/Woche	Range 25 bis 50% Platz 50 bis 75%
Top-Amateure (Wettspielphase)	4 bis 6 TE/Woche	nur Range
Tour-Pros (Trainings- und Vorbereitungsphase)	8 bis 14 TE/Woche	Range 35 bis 55% Platz 45 bis 65%
Tour-Pros (Wettspielphase)	4 bis 7 TE/Woche	nur Range

TE = Trainingseinheit von 80 bis 160 Minuten

Die erste Zahl stellt ein Minimum dar. Trainiert man weniger, besteht die Gefahr des Untertrainings.
Die zweite Zahl stellt ein Maximum dar. Trainiert man mehr, besteht die Gefahr des Übertrainings.

Die Länge der Erholungspausen zwischen den einzelnen Trainingseinheiten hängt von folgenden Kriterien ab:

- Quantitative und qualitative Intensität der vorangegangenen Belastung
- Aktueller Trainingszustand: Ein Leistungsgolfer benötigt ca. die halbe Erholungszeit eines Weekend-Golfers.
- Form der eingelegten Pausen:
  Passive Pause: absolute Ruhe
  Aktive Pause: leichtes Stretching, kurze Entspannungsübungen, lockeres Jogging etc. Die Übungsformen geringerer Intensität wirken sich beschleunigend auf den Regenerationsprozeß des Nervensystems aus.
- Soziales Umfeld und aktuelle mentale Verfassung: Man übt besser und erholt sich schneller mit einem sympathischen Trainingspartner mit gleichem oder besserem Technikniveau.
- Umwelteinflüsse wie Klima und Ort: Schönes Wetter an einem angenehmen Golfplatz reduziert die Erholungsdauer.
- Körperliche und geistige Anlagen: Talentierte und athletische Golfer erreichen einen schnelleren Leistungsanstieg durch raschere Regenerationsfähigkeit.

Es gibt keine festen Regeln, wie lang unter bestimmten Umständen ein Erholungsprozeß dauert. Das persönliche Empfinden soll hier mitentscheiden.

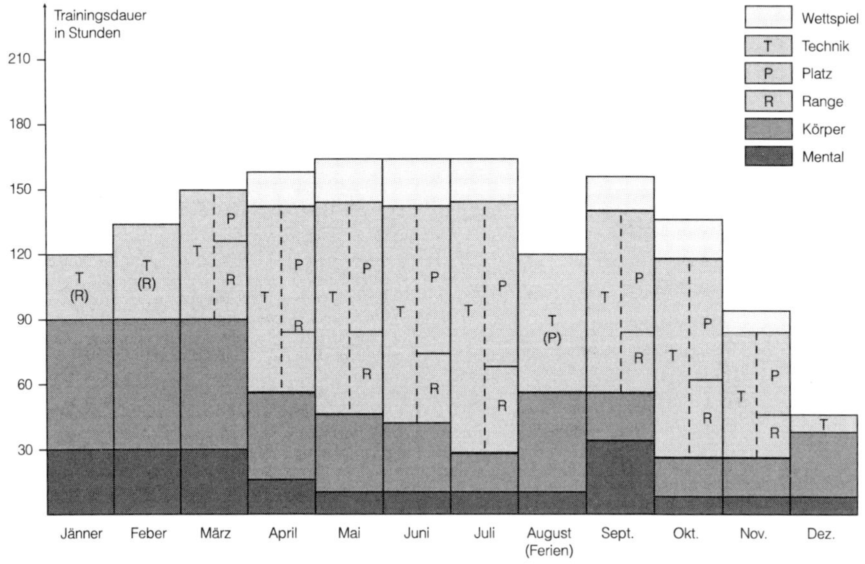

Abb. 16:
Periodisierung (Ganzjahres-Trainings- und -Wettspielprogramm)
Beispiel für Single-H'cap-Spieler mit saisonbedingter Wettspiel-Winterpause

FUNKTIONELLES AUFWÄRMEN FÜR GOLFER

Das Aufwärmen wird von den meisten Golfern – vom Anfänger bis zum Pro – entweder völlig vernachlässigt oder falsch durchgeführt. Vielfach besteht die Meinung, daß Probeschwünge für eine ausreichende Erwärmung der Muskulatur genügen. Und viele Golfer glauben irrtümlicherweise, sich mit traditionellen Übungen wie Becken- und schnelles Armkreisen, Rumpfvorbeugen, Windmühlen, wippende Dehnungsübungen oder dynamisches Schwingen mit mehreren Schlägern gleichzeitig optimal aufzuwärmen. Alle diese Übungen, von denen eigentlich niemand richtig weiß, warum sie gemacht werden, bereiten den Golfer physisch schlecht auf die Trainings- und Wettspielbelastung vor. Die logischen Folgen sind früher oder später, je nach körperlicher Kondition, Muskelzerrungen, Muskelfasereinrisse oder Blokkierungen von Wirbelgelenken.
Wirksame Abhilfe schafft nur ein funktionelles Aufwärmen. Dabei muß – in Hinsicht auf den Golfsport – folgende Vorgangsweise eingehalten werden:

- Übungen zur Steigerung der Herz-Kreislauf-Funktion
- Übungen zur Aktivierung des Bewegungsapparates
- golfspezifische Bewegungsabläufe (Drills).

Jeder dieser drei Punkte kann nach Belieben variiert werden. Richtiges Aufwärmen vermindert Verletzungsanfälligkeit des Körpers und bewirkt zusätzlich einen Verstärkereffekt für alle später stattfindenden Bewegungen. Es regt insbesondere alle energiebereitstellenden Systeme und das Zentralnervensystem an; letzteres sorgt dann für eine gesteigerte Reizaufnahme, Informationsverarbeitung und bessere motorische Steuer- und Regelleistung. Mit anderen Worten, es kommt zu einer *Verbesserung der Koordination*. Der Schwungablauf erfolgt ökonomischer, rhythmischer und dynamischer.
Die Aufwärmzeit sollte ungefähr 5 bis 15 Minuten betragen, um eine größtmögliche Funktionsbereitschaft des Körpers zu erreichen. Innerhalb dieser Zeitspanne steigt die Muskeltemperatur an. 5 Minuten nach dem Aufwärmen ist sie noch unverändert. 20 bis 30 Minuten später ist der Aufwärmeffekt wieder verloren.
Klimatische Einflüße, z. B. Kälte, Hitze und Luftfeuchtigkeit, beeinflussen Dauer und Intensität des Aufwärmens. Warmes Klima verkürzt das Aufwärmen, da die Wärme einen positiven Effekt auf Muskulatur und Gelenke ausübt. Kühleres Klima muß nicht unbedingt die Aufwärmzeit verlängern, da man es durch warme Kleidung ausgleichen kann. Eine andere Möglichkeit besteht darin, die Intensität des Aufwärmens durch wärmere Kleidung (allerdings nur minimal) zu steigern.
Trotzdem liegt die Gefahr eher darin, daß man sich bei schwülem Wetter zu wenig aufwärmt.

Grundsätzlich ist das Aufwärmen immer von individuellen Funktionszuständen der Muskulatur und der Psyche abhängig. Muskuläre Defizite sollten während des Aufwärmens berücksichtigt werden, um diese Strukturbereiche gezielt für Training oder Wettspiel vorzubereiten. Insbesondere nach Muskelverletzungen muß auf das Aufwärmen besonderer Wert gelegt werden, um nicht ganz ausgeheilte Verletzungen nicht wieder neu entstehen zu lassen.

Die Aufwärmphasen vor dem Techniktraining und Spiel

Anfangsphase

Zu Beginn sollen Ganzkörperbewegungen zur Anregung des Herz-Kreislauf-Systems durchgeführt werden (lockere Laufübungen auf der Stelle, Armbewegungen, Körperstreckung auf den Zehen und Fersen, Hochstrecken der Arme etc.).

Mittelphase

Die Mittelphase beinhaltet Mobilisations- und Dehnungsübungen.
Prinzipiell sollten die Dehnungsübungen in ihrer Intensität und in ihrem Umfang nicht zu stark forciert werden, um sich keine Muskelzerrungen einzuhandeln. Sparsame, aber funktionelle Dehnungsreize reichen aus, um eine positive Sensibilisierung der Muskulatur zu erreichen. Vor dem Spiel müssen Intensität und Umfang der Dehnungsübungen ein wenig gesteigert werden, um Nervosität und Streß zu kompensieren. Vor wichtigen Turnieren erzielt man mit Dehnübungen 2 bis 3 Stunden vorher eine Erwärmung, die einen besseren Streßabbau bewirkt.
Dehnungsübungen bewirken insgesamt eine bessere Mobilität der Gelenke.

Endphase

In der Endphase sollte das Aufwärmen nicht mit Dehnungsübungen beendet werden, sondern mit gymnastischen Kräftigungsübungen und Schwungbewegungen mit verminderter Intensität (Probeschwünge).

GOLF-VIDEO-SCREENING DER WIRBELSÄULE (GVS-Methode)

In Zukunft wird der individuellen Trainingsgestaltung immer größere Bedeutung zukommen, insbesondere bei Individualsportarten wie Golf, wo ent-

sprechend dem individuellen Körperbau und dem bisherigen Trainingsverlauf von Person zu Person unterschiedliche Probleme vorliegen. Denn jeder Spieler hat andere Problembereiche: Einmal ist es die HWS, BWS oder LWS, oder es sind Schulter- und Nackenbeschwerden, dann wieder Ellbogen- oder Knieschmerzen. Man muß in diesem oder jenem Bereich präventiv oder gar schon korrektiv wirken, die Leistungsausgangsniveaus und die Technikprobleme sind oft grundverschieden. Natürlich ist es wenig sinnvoll, Golfer mit unterschiedlichen Problemen und Beschwerden, egal ob sie die Kondition, Ausdauer, Technik oder den Haltungs- und Bewegungsapparat betreffen, in einen Topf zu werfen und sie nach „Schema F" zu trainieren.
Die GVS-Methode mit spezifischen Funktionstests und Profilanalysen bietet eine hervorragende Möglichkeit der individuellen Trainingsgestaltung im Golfsport.
Ziel dieser Methode ist die Bekämpfung golfspezifischer Beschwerden und Schmerzsyndrome, die im Bereich von Wirbelsäule, Schultern, Nacken, Gelenken und Bändern auftreten und infolge von bereits bestehenden Haltungschwächen und -schäden, einseitigen Trainings- und Wettspielbelastungen und unfunktionellem Training entstanden sind.
Realisierbar ist dieses Ziel durch die exakte Erfassung der individuellen Schmerzbereiche während der Bewegung; dadurch können mögliche Fehlhaltungen und Fehlbewegungen, speziell die der Wirbelsäule, festgestellt werden. Im Zusammenspiel mit Funktionstests, wie die Ermittlung von Kraft-, Dehn- und Mobilitätsstatus, und mit Profilanalysen (Ist-Zustände von Maximalkraft, Schnellkraft, Beweglichkeit etc.) können so individuell abgestimmte Trainingsprogramme erstellt werden.
Diese individuell abgestimmten Trainings- und Bewegungsprogramme haben zwei Aufgaben zu erfüllen:

1. **Leistungsoptimierung** durch

a. Beseitigung des golfspezifischen Beschwerdenkomplexes
b. funktionelle Trainingsmethoden
c. Optimierung der golfmotorischen Kondition

2. **Kompensationstraining** zur
a. Bekämpfung von akuten Schmerzsyndromen im Haltungs- und Bewegungsapparat
b. Prävention von möglichen Beschwerden der Wirbelsäule und Gelenke

Methode: Die GVS-Methode arbeitet mit einem Video-System. Die Dornfortsätze der Wirbelsäule werden mit reflektierenden Punkten markiert, um individuelle Fehlhaltungen und Fehlbewegungen aufzuzeigen und zu dokumentieren. Ein großer Vorteil dieser Methode liegt darin, daß nicht nur die

Statik, sondern vor allem die Dynamik (golfmotorischer Bewegungsablauf) ohne Röntgenbelastung analysiert werden kann. Diese umfangreiche Haltungs- und Bewegungsanalyse stellt die ideale Grundlage für ein individuelles und funktionelles Trainingsprogramm dar.

DIE GOLF-ERNÄHRUNG

Was soll man trinken?

Bei einem Menschen besteht der Körper je nach Alter und Geschlecht aus 46 bis 79% salzigem Wasser. Bei leichter Arbeit und angenehmer Außentemperatur gehen 2 bis 2,5 Liter Wasser pro Tag verloren. Es wird mit dem Urin (1 bis 1,5 l), mit dem Stuhl (0,1 l), über die Lunge (0,4 l) und durch die Haut (0,5 l) abgegeben. Um diesen Verlust wieder wettzumachen, muß dieselbe Menge Wasser durch Trinken oder Essen wieder aufgenommen werden. Damit liegt der Minimaltagesbedarf an Wasser bei ca. 1,5 Liter. Bei schwerer körperlicher Belastung und bei hohen Außentemperaturen steigt der Flüssigkeitsbedarf natürlich um ein Vielfaches an:

- Fußball bis zu 3 l
- Marathon bis zu 4 l
- Radrennsport bis zu 10 l

Daraus wird verständlich, daß Wasser das wichtigste Ernährungsglied ist. Die Mehrheit der Menschen trinkt jedoch zu wenig (und falsch). Die daraus resultierende *negative Trinkbilanz* verursacht biochemische Veränderungen.

Wasserverlust von:

1%	→	Durstgefühl
3%	→	Schnellkraftverlust (8%) und Maximalkraftverlust (10%)
5%	→	starke Müdigkeit, Erhöhung der Herzfrequenz, Kopfschmerzen, Muskelkrämpfe etc.
10%	→	Schwindelgefühl, Verwirrtheit, starke Bewegungseinschränkung etc.
15%	→	Delirium
20%	→	Lebensunfähigkeit

Während eines Trainingsprogramms oder eines Wettspiels sollte man „stilles“ Mineralwasser trinken, das reich an Magnesium ist (über 100 mg/l). Magnesium ist ein wichtiger Mineralstoff, der sich sehr positiv auf das Nervensystem auswirkt. Dadurch ist er ein ausgezeichneter Antistreßfaktor, was für Leistungsgolfer von großer Bedeutung ist. Je nach Außentemperatur und Trainingsumfang/Trainingsintensität benötigt ein Golfer *2 bis 4 l Wasser pro Tag*.
Reines Mineralwasser hat aber auch einen Nachteil: Es ist hypotonisch, d. h. es hat eine geringere Osmolarität als das Blutserum.
Wasser verläßt den Magen nämlich erst, wenn es isotonisch ist: Es muß den gleichen osmotischen Druck haben wie unsere Körperflüssigkeit. Um vom Körper aufgenommen zu werden, muß das Wasser zusätzlich mit körpereigenen Mineralstoffen angereichert werden. So werden dem Körper mit der Zeit wichtige Mineralien entzogen. Außerdem verlängert die Hypotonie des

Wassers seine Verweildauer im Magen. Das Wasser kann also nicht sofort vom Körper aufgenommen werden. Dies ist hauptsächlich das Problem von Ausdauersportlern, die bei starkem Schwitzen viel Wasser und Mineralien brauchen.

So können sie Mineralwasser isotonisch machen:

- Die Salzkonzentration der Körperflüssigkeit entspricht einer 0,9%igen Natriumchloridflüssigkeit (Kochsalz). Dem Wasser muß also bis 0,9% Kochsalz beigefügt werden, damit es isotonisch wird. Dies sollte man jedoch nur bei extremer Hitze tun, da die moderne Küche von Haus aus extrem kochsalzreich ist. Golfer, die ihr Essen stark salzen, sollten deshalb das Wasser auf eine andere Art und Weise isotonisch machen:
- Man kann dem Mineralwasser bis zu 5% Traubenzucker beigeben, damit es isotonisch wird.
- Die beste Lösung besteht darin, das Mineralwasser 1 : 1 mit Fruchtsäften zu mischen. Die am besten geeigneten Fruchtsäfte sind Apfel-, Johannisbeer-, Grapefruit- und Orangensaft.

Wieso sind Fruchtsäfte so ideal?

- Fruchtsäfte sind hypertonisch, d. h. sie haben eine höhere Osmolarität als das Blutserum, da sie reich an Mineralien, Spurenelementen, Vitaminen und Kohlenhydraten sind. Mit Wasser im Verhältnis 1:1 vermischt, werden sie isotonisch.
- Ihre Mineralien und Spurenelemente sind gut ausbalanciert.
- Sie sind reich an Vitaminen, hauptsächlich B_1 und C, die wichtig für die Muskel- und Nervenfunktionen sind.
- Die Kohlenhydrate der Fruchtsäfte bestehen aus schnell verfügbarem Zucker: der Energiegewinn setzt sofort ein. Sie fungieren außerdem als Energieträger für Mineralstoffe und Vitamine.

Beim Schwitzen werden neben dem normalen Flüssigkeitsverlust Natrium und Chlorid (Salzbestandteile), aber auch Kalium, Kalzium, Magnesium, Eisen, Vitamin B_1, C u. a. ausgeschieden.
Durch häufiges Trinken von aufgespritzen Fruchtsäften läßt sich daher die Leistungsfähigkeit aufrecht erhalten, weil die verlorengegangenen Mineralien und Vitamine ersetzt werden.
Eine konstante Leistungsfähigkeit ist aber bei folgenden Getränken *nicht* gewährleistet:

- Bier mit oder ohne Alkohol, weil es stark hypertonisch ist.
- Alkoholische Getränke jeder Art, da Alkohol ein „leerer" Energielieferant ist. Er hemmt außerdem die Koordination und entwässert sogar den Körper.

- „Energie"- und Elektrolytgetränke. Sie sind für den Golfsport nur in den seltensten Fällen ideal zusammengesetzt. Obwohl sie meistens isotonisch sind und viele Kohlenhydrate beinhalten, weisen sie eine schlechte Zusammensetzung von Mineralstoffen und Vitaminen auf. Sie sind daher eher für Ausdauer- und Kraftausdauersportarten geeignet.
- Limonaden und Cola jeder Art: sie sind sehr stark hypertonisch. Mineralstoffe und Vitamine fehlen fast vollständig, und außerdem sind ihre Kohlenhydrate von schlechtester Qualität.

Ein ideales Elektrolytgetränk für den Golfer ist *Schwarzer Johannisbeersaft,* der mit magnesiumreichem Mineralwasser im Verhältnis 40% (Saft): 60% (Wasser) gemischt wird.

Was soll man essen?

Golfer leiden meistens unter den typischen Zivilisationskrankheiten: Übergewicht, Bluthochdruck, hohe Harnsäure- und Blutfettwerte etc. Dies birgt nicht nur die Gefahr von Herz-Kreislauf-Beschwerden in sich, sondern verursacht auch eine Leistungsminderung in den Bereichen Körper, Psyche und Technik.
Der Durchschnittsgolfer ißt zu viel, zu süß, zu fett, zu salzig, trinkt zu viel Alkohol, raucht zuviel und bewegt sich zuwenig. Kein Golfer ißt oder trinkt nur aus physiologischer oder aus golfspezifischer Überlegung. Für ihn ist, wie für jeden anderen Menschen auch, Essen und Trinken ein Genuß, eine Notwendigkeit und Ausdruck von Lebensfreude (oder Frust).
Der Golfer muß zunächst darauf achten, daß sein Energiebedarf durch den Einsatz von vollwertigen, kohlenhydratreichen Nahrungsmitteln und fettarmen Eiweißspendern gedeckt wird (siehe Tab. 7).
Die Energiebilanz muß ausgeglichen sein, damit Unter- oder Überernährung vermieden wird. Möchte man abnehmen, benötigt man ein Energiedefizit von 7000 kcal, um 1 kg Fettgewebe abzubauen.

Beispiel: Beim leichten Ausdauertraining braucht ein Freizeitgolfer mit 70 kg Gewicht eine Energiezufuhr (aus 60% KH, 15% E und 25% F) von $55 \times 70 = 3850$ kcal/Tag (siehe Tab. 7).
Nimmt er aber nur 2850 kcal/Tag zu sich, hat er ein Defizit von 1000 kcal/Tag: er braucht also eine Woche, um 1 kg Fettgewebe zu „verlieren".
Ebenso wichtig wie die Auswahl der Nahrungsmittel ist deren *schonende und möglichst naturbelassene Zubereitung:* Die Kochzeiten sollten kurz gehalten werden, um überflüssigen Vitaminverlust einzuschränken (siehe Tab. 8).

Tab. 7: Golfspezifische Leistungsernährung (Richtlinien)

Trainingsart	Täglicher Kalorienbedarf* pro kg Körpergewicht – Hochleistungsgolfer (intensiv)	Täglicher Kalorienbedarf* pro kg Körpergewicht – Freizeitgolfer (leicht)	Anteil an der Gesamtenergiemenge (KH = Kohlenhydrate, E = Eiweiße, F = Fette)
Technik Wettspiel Koordination	70 kcal	40 kcal	56% KH 16% E 28% F
Muskelaufbau 40 bis 80%	77 kcal	45 kcal	44% KH 22% E 34% F
Schnellkraft	75 kcal	43 kcal	52% KH 19% E 29% F
Ausdauer	77 kcal	55 kcal	60% KH 15% E 25% F
Ruhetag (gesunde Ernährung)	35 kcal	35 kcal	55% KH 10% E 35% F
Zivilisationskost	ca. 75 kcal	ca. 75 kcal	10% Alkohol → KH 35% Zucker → KH 13% E 42% F

* einschließlich der Energie, die beim Verdauen verbraucht wird (ca. 10%)

Tab. 8: Maximale Kochverluste der Vitamine

Verlustprozente	10%	25%	40%	50%	55%	60%	75%	80%	100%
Vitamine	B_{12}	N	A D B_6	P	E	Bi	B_2	B_1	C FO

N = Niacin; P = Pantothensäure; Bi = Biotin; FO = Folsäure

Die energieliefernden Nährstoffe

Die Kohlenhydrate

Sie sind die ökonomischesten Energiespender, weil sie bei der Oxydation (Verbrennung) im Körper weniger Sauerstoff verbrauchen als Eiweiße oder Fette.

Der Grundbaustein der Kohlenhydrate ist Zucker. Man unterscheidet vier Zuckerarten: die Monosaccharide (Einfachzucker), die Disaccharide (Zweifachzucker), die Oligosaccharide (Mehrfachzucker) und die Polysaccharide (Vielfachzucker).

Die wichtigsten Vertreter des *Einfachzuckers* sind die Glucose (Traubenzucker), Fructose (Fruchtzucker) und die Galactose. Die reine Naturform (in Früchten, Honig, Milch) ist unbedingt der verarbeiteten, „leeren" Form (in Süßwaren, Limonaden, Cola) vorzuziehen, weil nur die natürliche Form das optimale Mineralstoffe/Vitamine-Verhältnis beinhaltet.

Zu den *Zweifachzuckern* gehören die Saccharose (Rohrzucker), die Maltose (Malzzucker) und die Lactose (Milchzucker). Die beste Form ist in Naturprodukten (Früchten, Malzgetränk, Milch) enthalten. Die „leere" Form findet man im Haushaltszucker, in Süßigkeiten und Limonaden.

Die Energie aus Einfach- und Zweifachzuckern ist für den Körper schnell verfügbar.

Die Vertreter des *Mehrfachzuckers* sind die Maltotriose (3fach), Maltotetrose (4fach), Maltopentose (5fach) etc. und die Dextrine. Die Naturform ist im Knäckebrot, die „leere" Form in Toast, Zwieback und Energiegetränken enthalten.

Zu den *Vielfachzuckern* gehören die Zellulose (pflanzliche Stärke = Kartoffeln, Bananen, Getreideflocken, Brot, Müslis, Nudeln) und Glykogen (tierische Stärke = Leber).

Die Vertreter des Mehrfach- und Vielfachzuckers (nur die Stärkeform) sind Kohlenhydrate mit Langzeitwirkung.

Die Eiweiße (Proteine)

Eiweiße sind die Grundbausteine der Zellen. Sie sind vor allem Aufbaustoffe und beinhalten Kohlen-, Wasser-, Sauer- und Stickstoff sowie Schwefel, Phosphor und Eisen. In jeder Zelle gibt es bis zu 5000 verschiedene Eiweißarten, größtenteils Enzyme. Als biologische Katalysatoren steuern sie alle biochemischen Prozesse. Die Bausteine der Eiweiße sind die *Aminosäuren,* die teilweise im Körper gebildet werden („nicht essentielle") oder erst durch die Nahrung zugeführt werden müssen („essentielle"). Im Organismus haben sie folgende Aufgaben zu erfüllen:

- Sie liefern dem Organismus Stickstoff.

- Sie verbessern die Nerventätigkeit (Konzentrationsfähigkeit und Aufmerksamkeit).
- Sie sorgen für ein dynamisches Gleichgewicht zwischen Auf- und Abbau von Proteinen.
- Aufgrund ihrer schnellen Mobilisierungsfähigkeit stellen sie eine wichtige Reservesubstanz dar.
- Sie spielen eine wichtige Rolle bei der Gewebebildung von Muskeln, Sehnen, Hormonen, Blutkörperchen und Nerven.

Eiweiße sind in tierischen Nahrungsstoffen wie Fleisch, Fisch, Eier, Milch und Käse, aber auch in pflanzlichen Nährstoffen wie Sojabohnen, Mandeln, Erdnüssen, Haselnüssen, Bohnen, Erbsen, Haferflocken, Weizenkeimen, Brot, Kartoffeln, Reis und Teigwaren enthalten.
Der Golfer sollte darauf achten, daß er bei seinem Eiweißkonsum möglichst wenig oder keine unerwünschten Begleitstoffe (Purine, Cholesterin und Fett) zu sich nimmt. Die Purine produzieren im Stoffwechsel nämlich Harnsäure. In den Nieren, Gelenken und Sehnen kann es dann zu Harnsäureablagerungen kommen, die Nierensteine und Gicht hervorrufen können.

Tab. 9: Puringehalt in Nahrungsmitteln

purinfrei	40 bis 40 mg/100 g	50 bis 200 mg/100 g	über 200 mg/100 g
Eier	Mais	Fleisch	Innereien
Milch	Reis	Fisch	Heringe
Milchprodukte	Schwarzbrot	Geflügel	Sardellen
	Rosenkohl	Hülsenfrüchte	Sardinen
		Pilze	Anchovis
		Feldsalat	
		Spargel	
		Spinat	

Die Fette

In unserer Zivilisationskost nehmen wir 45% der Kalorien als Fette auf. Ein Golfer sollte aber diesen Fettanteil – je nach Trainingstyp – auf 25 bis 35% reduzieren (siehe Tab. 7).
Fette sind konzentrierte Energie, d. h. sie liefern gleich viel Energie wie die doppelte Menge an Kohlenhydraten:

- 1 g KH liefert 4,1 kcal
- 1 g E liefert 4,1 kcal
- 1 g F liefert 9,3 kcal.

Dies ist wichtig bei den Ausdauersportarten (Marathon, Triathlon etc.), weil bei ihnen der Sportler mit einem geringeren Körpergewicht eine bessere Voraussetzung für gute Leistungen hat.

Die Fette haben im Körper folgende Hauptaufgaben zu erfüllen:

- Aufbau und Bildung von Membranen für Nervenzellen etc.
- Reserve und Speicher für jede Körperzelle
- Wärmeschutz
- Mechanischer Schutzpolster für Organe
- wasserabstoßende Wirkung
- Träger der fettlöslichen Vitamine (A, D, E, K)
- Lieferant der essentiellen Fettsäuren.

Man unterscheidet gesättigte (G), einfach ungesättigte (EU) und mehrfach ungesättigte Fettsäuren (MU).
Der Körper kann die mehrfach ungesättigten Fettsäuren (z. B. Linolsäure), die einem hohen Cholesterinspiegel entgegenwirken, nicht selbst bilden. Deshalb ist es sehr wichtig, Fette zu sich zu nehmen, die viel mehrfach ungesättigte Fettsäuren enthalten. Die dafür geeignetsten Nahrungsmittel sind aus Tab. 10 ersichtlich.

Tab. 10: Fette, Fettsäuren und Cholesterinanteil

	Fettsäuren in %		Cholesterin in mg auf 100 g
Pflanzliche Fette			
Distelöl	75% MU	25% EU/G	–
Sonnenblumenöl	63% MU	37% EU/G	–
Sojaöl	60% MU	40% EU/G	–
Maiskeimöl	56% MU	44% EU/G	–
Diätmargarine	40% MU	60% EU/G	–
Erdnußöl	31% MU	69% EU/G	–
Margarine	25% MU	75% EU/G	–
Olivenöl	6% MU	92% EU/G	–
Kokosfett	2% MU	98% EU/G	–
Tierische Fette			
Gänseschmalz	10% MU	90% EU/G	100
Schweineschmalz	19% MU	90% EU/G	100
Rindertalg	3% MU	97% EU/G	100
Butter	3% MU	97% EU/G	240

Die Mineralstoffe

Unser Körper kann weder Mineralstoffe produzieren noch verbrauchen. Sie werden über den Harn, Stuhl und Schweiß ausgeschieden und müssen durch die Ernährung wieder aufgenommen werden. Diese organischen Stoffe erfüllen viele Funktionen:

- Wasserhaushalt
- Säure-Basen-Gleichgewicht
- Stützfunktion für die Knochen.
- Sie halten weiters den osmotischen Druck der Zellen konstant,
- helfen den Enzymen beim Stoffwechsel und
- sind verantwortlich für die Erregungsübertragung in den Muskeln, im Nerven- und Zentralnervensystem.

Man unterscheidet bei den Mineralstoffen *Mengenelemente* und *Spurenelemente.*
Zu den Mengenelementen gehören Chlor, Natrium, Kalium, Phosphor, Calzium, Magnesium und Silicium.

Zu den Spurenelementen zählen Zink, Eisen, Mangan, Kupfer, Jod, Selen u. a.

Calzium ist u. a. für die Stabilität der Knochen und für bestimmte Stoffwechselvorgänge in der Muskulatur von ausschlaggebender Bedeutung.
Zu geringe Konzentrationen von *Kalium* bewirken eine Schwäche der Muskulatur und Müdigkeit. *Magnesium*mangel löst Muskelzuckungen und -krämpfe und in extremen Fällen Händezittern aus. Ein *Eisen*mangel tritt meistens bei weiblichen Golfern auf und bewirkt Müdigkeit und eine verminderte Leistungsfähigkeit sowie Anämie.
Deshalb sollten Golfer darauf achten, genügend Milchprodukte, Getreide, Obst, Gemüse, Eier (Calzium), Kartoffeln, Nüsse, Trockenfrüchte (Kalium), Weizenkeime, Hülsenfrüchte, Kakaopulver (Magnesium), Soja, Schnittlauch, Petersilie, weiße Bohnen sowie Linsen (Eisen) zu sich zu nehmen.

Die Vitamine

Bei den Vitaminen handelt es sich um organische Substanzen, die im Organismus nicht selbst hergestellt werden können, aber lebensnotwendige Verbindungen darstellen. Deshalb müssen sie mit der Nahrung aufgenommen werden. Alle Vitamine sind als Biokatalysatoren in den Enzymen an der Steuerung und Regulierung aller Stoffwechselvorgänge beteiligt.
Man unterscheidet fettlösliche und wasserlösliche Vitamine. Die wasserlöslichen Vitamine können im Körper kaum gespeichert werden, weshalb sie ständig, je nach Bedarf, zugeführt werden müssen.

- Zu den fettlöslichen Vitaminen zählen die Vitamine A, D, E und K.
- Zu den wasserlöslichen Vitaminen gehören die Vitamine B_1, B_2, Niacin (B_3), B_6, B_{12}, Folsäure, Pantothensäure, Biotin und Vitamin C.

Für den Golfer sind insbesondere der Vitamin-B-Komplex (Vollkorn- und Milchprodukte, Hefe, Fleisch und Fisch) und das Vitamin C (Zitrusfrüchte, Tomaten, Johannisbeeren, Paprika, Kiwi) von Bedeutung.
Eine unzureichende Vitaminversorgung bewirkt Mangelerscheinungen und Leistungsschwäche. Ein hoher Vitaminüberschuß von fettlöslichen Vitaminen kann vorübergehend eine erhöhte Atem-Herz-Tätigkeit, Schlafstörungen und innere Unruhe auslösen.
Hingegen kommt es bei hohen Vitaminüberdosierungen der wasserlöslichen Vitamine selten zu Störungen im Organismus, da der Überschuß wieder ausgeschieden wird.

Die Ballaststoffe

Ballaststoffe sind Pflanzenfasern; sie regen die Darmperistaltik an und verkürzen die Aufenthaltsdauer der Nahrungsmittel im Darm. Zusätzlich sind sie verantwortlich für die Senkung des Darminnendrucks. Eine ballaststoffarme Kost ruft Verstopfungen hervor und fördert Hämorrhoiden sowie Stoffwechselerkrankungen.
Ballaststoffreiche Lebensmittel sind Hülsenfrüchte, Getreidekörner, Vollkornprodukte, Gemüse, Kraut und Trockenobst.

Die basenüberschüssige Diät

Diese Diät richtet sich nach der chemischen Zusammensetzung des Organismus, der zu 80% aus basenbildenden, zu 20% aus säurebildenden Elementen besteht: Die Ernährung sollte somit zu 80% basisch und zu 20% sauer sein. Leider besteht unsere heutige Ernährung aus einer säureüberschüssigen Zivilisationskost. In den letzten 40 Jahren hat der Verbrauch an Fleisch (Säureüberschuß) um das Zweieinhalbfache zugenommen, wobei der Verbrauch an Obst und Gemüse (Basenüberschuß) laufend abnimmt.
Bei einem Säureüberschuß versorgen wir die Zellen nur noch ungenügend mit den lebensnotwendigen Nahrungsmitteln: Es kommt zu einer schlechten Verarbeitung dieser Nährstoffe, zu einer Ansammlung von verbrauchten Stoffen und zu einer Stoffwechselverlangsamung und -belastung.
In wissenschaftlichen Untersuchungen wurde bewiesen, daß in erster Linie das stoffwechselträge Bandscheibengewebe unter der Verlangsamung des Stoffwechsels leidet, eine Tatsache, die sich jeder Golfer zu Herzen nehmen sollte.
Generell gilt, daß industriell verarbeitete Produkte zu einem Säureüberschuß neigen.

Stark *säureüberschüssige* Lebensmittel sind:

- Rindfleisch
- Gänsefleisch
- Hühnerfleisch
- Ei
- Fisch
- Käse
- Quark
- Speck
- Olivenöl
- Margarine
- Butter
- Reis (poliert)
- Nudeln (Weißnudeln)
- Brot (Weißbrot)

Stark *basenüberschüssige* Lebensmittel sind:

- Gurken
- Feigen
- grüner Salat
- Tomaten
- Spinat
- weiße Bohnen
- Schnittbohnen
- Orangen
- Bananen
- Zwiebeln
- Blumenkohl
- Möhren
- Sauerkraut
- grüne Erbsen
- Kartoffeln
- Linsen
- Naturzucker
- Zitronen
- Milch
- Rotkraut
- Weißkraut
- Grünkohl

Eine gut ausbalancierte Ernährung ist vor allem für jene Golfer wichtig, die eine optimale Leistung anstreben. Man muß nicht unbedingt seine Eß- und Trinkgewohnheiten umstürzen, aber man sollte darauf achten, daß bei der Zusammenstellung der Kost das beschriebene Gleichgewicht der Nahrungsinhalte berücksichtigt wird. Gespritzte Fruchtsäfte, Bananen, gekochte Kartoffeln, fettarme Milchprodukte etc. sind ausgezeichnete Nahrungsmittel für jeden Golfspieler; sie sollten Hauptbestandteile der typischen Golfernährung sein. Auch wenn Sie in Eile sind, sollten Sie immer darauf achten, vor allem vor oder während des Spiels langsam zu essen und die Speisen sorgfältig durchzukauen. Für eine ideal ausbalancierte, individuell abgestimmte Diät empfiehlt es sich, einen Ernährungsfachmann oder Sportarzt zu Rate zu ziehen.

GOLF OHNE HANDICAP: DIE TRAININGSPROGRAMME

Die folgenden Übungs- und Trainingsprogramme für Golfer wurden unter dem Gesichtspunkt ihrer *Funktionalität* erstellt. Sie entsprechen den jüngsten Erkenntnissen der Trainingslehre und sind genau auf die golfspezifischen Bewegungsabläufe abgestimmt.
Jedes der Programme – ob präventiv, korrektiv oder leistungsoptimierend – hat sich in der Praxis bereits bestens bewährt. Sie können also auch von jedermann selbständig durchgeführt werden. Welche Einzelübung für welchen Golfer in einer bestimmten Trainingsphase am besten geeignet ist, sollte allerdings vom Golflehrer entschieden werden.
Das präventive und korrektive Kompensationstraining kann von allen Golfern, die im Wirbelsäulenbereich schmerzfrei sind, angewandt werden. Speziell das präventive Trainingsprogramm soll auch von jenen trainiert werden, die manchmal oder chronisch unter Schmerzsyndromen der Wirbelsäule – Kreuzschmerzen und Nackenbeschwerden – leiden. Golfer mit akuten Kreuz- und Nackenschmerzen sollten hingegen nur das korrektive Programm üben. Das Training zur Leistungsoptimierung dient der Verbesserung der golfspezifischen Leistung und soll von allen Golfern trainiert werden, die Leistungs- oder Hochleistungsgolf spielen wollen. Parallel dazu soll das präventive Trainingsprogramm durchgeführt werden. Die Übungen sollten auf einer dünnen, aber weichen Matte geturnt werden. Die illustrierten Übungen 1 bis 43 sind nach folgenden Richtlinien durchzuführen:

Das präventive Programm (P)

Kräftigung:	
– *Intensität:*	Bis 40% mit oder ohne Kurzhanteln/Manschetten
– *Wiederholungen:*	8 bis 10 ohne Pausen
– *Sätze:*	3 bis 5
– *Pausen:*	ca. 2 Minuten zwischen den Sätzen
– *TE/Woche:*	2 bis 3
Dehnungspraxis:	siehe S. 63 ff.; 3 bis 5 TE/Woche
Mobilisation:	5 bis 8 Wiederholungen; 2 bis 4 Sätze mit ½ Minute Pause; 3 bis 4 TE/Woche.
Ausgleichsübungen:	1 bis 3 TE/Woche
Asymmetr. Training:	5 bis 8 Wiederholungen; 2 bis 4 Sätze mit ½ Minute Pause; 3 bis 4 TE/Woche.

Bei allen Übungen des präventiven Programmes muß darauf geachtet werden, daß eine Hohlkreuzstellung vermieden und der Kopf nicht in den Nacken zurückgelegt wird!

Das korrektive Programm (K)

Kräftigung:	
– *Intensität:*	Die Übungen dürfen keine Schmerzen auslösen.
– *Wiederholungen:*	6 bis 8 ohne Pause
– *Sätze:*	2 bis 4
– *Pausen:*	ca. 2 Minuten
– *TE/Tag:*	1 bis 2
Dehnungspraxis:	siehe S. 63 ff.; 1 bis 2 TE/Tag
Mobilisation:	5 bis 8 Wiederholungen; 2 bis 4 Sätze mit ½ Minute Pause; 3 bis 4 TE/Woche.

Bei allen Übungen des korrektiven Programmes muß darauf geachtet werden, daß eine Hohlkreuzstellung vermieden und der Kopf nicht in den Nacken gelegt wird!

Das leistungsoptimierende Programm (L)

(siehe auch Seiten 52–59)

Muskelaufbautraining 40 bis 60% (Hanteln/Manschetten)

Wiederholungen:	8 bis 12 ohne Pause
Sätze:	3 bis 5 für Untrainierte 5 bis 8 für Fortgeschrittene
Bewegungstempo:	langsames bis mittleres Tempo
Pausen:	1,5 bis 3 Minuten
TE/Woche:	2 bis 3

Muskelaufbautraining 60 bis 80% (Hanteln/Manschetten)

Wiederholungen:	4 bis 8 ohne Pause
Sätze:	3 bis 6
Bewegungstempo:	mittleres bis zügiges Tempo
Pausen:	2 bis 4 Minuten
TE/Woche:	2 bis 3

Intramuskuläres Koordinationstraining 75 bis 90% (Hanteln/Manschetten)

Wiederholungen:	1 bis 5 ohne Pausen
Sätze:	5 bis 8
Bewegungstempo:	langsames bis zügiges Tempo
Pausen:	1 bis 2 Minuten
TE/Woche:	2 bis 3

Schnellkrafttraining (SKT)

		konträre/ (haltend)	plyometr. Methode (wippend)
Intensität:	Schläger, Arm	wie SKT	wie SKT
Wiederholungen:	6 bis 10	6 bis 15	6 bis 20
Sätze:	6 bis 10	2 bis 3	6 bis 10
Bewegungstempo:	schnell, explosiv		
Pausen:	ca. 2 Minuten	2 min.	2 min.
TE/Woche:	1 bis 2	1 bis 2	1 bis 2

Beweglichkeitstraining (L)
Methodik siehe S. 66.

Grundsätzlich soll beim Training beachtet werden, daß jeweils ein Muskelbereich fertig trainiert werden muß, bevor man zur nächsten Muskelgruppe übergeht. Das Gewicht der Kurzhanteln und Gewichtsmanschetten ist so zu wählen, daß 8 bis 12 Wiederholungen möglich sind. Dies entspricht ungefähr einer 40- bis 60%igen Belastung. Sind mehr als 12 Wiederholungen möglich, so ist das Gewicht zu leicht. Können hingegen nur weniger als 8 Wiederholungen durchgeführt werden, so ist das Gewicht zu schwer. Eine Steigerung sollte erst nach 12 Wochen erfolgen; dabei wird das Gewicht erhöht, aber die Sätze werden reduziert (1 bis 2 Sätze weniger).
Es empfiehlt sich, maximal 4 Muskelbereiche pro Trainingseinheit zu trainieren. Dies entspricht einem Umfang von 6 bis 9 Übungen.

Das Aufwärmprogramm

Dauer:	5 bis 15 Minuten
Durchführung:	vor dem Training/Wettspiel

Ganzkörperbewegungen (Anfangsphase)

Wiederholungen:	15 bis 25
Sätze:	2 bis 3
Pause:	½ Minute zwischen den Sätzen

Mobilisations- und Dehnungsübungen (Mittelphase)

Wiederholungen:	3 bis 4
Methodik:	statisches Dehnen

Probeschwünge und gymnastische Kräftigungsübungen mit Schwungbewegungen (Endphase)

Wiederholungen:	7 bis 15 oder 20
Sätze:	1 bis 2 oder 3
Pause:	½ Minute zwischen den Sätzen

DIE PRÄVENTIVEN ÜBUNGEN

Kräftigung

Übung 1: Kräftigung der geraden Bauchmuskulatur (Untrainierte)

Ausgangslage: Rückenlage mit rechtem Kniewinkel.
Bewegung: zuerst das Kinn zum Oberkörper führen und dann den Oberkörper langsam aufrollen.
Endstellung: siehe Foto. Langsam wieder zurückrollen.

Übung 2: Kräftigung der geraden Bauchmuskulatur (Fortgeschrittene)

Ausgangslage: Rückenlage mit angehobenen Beinen und 90°igem Knie- und Hüftwinkel.
Bewegung: die Beine in eine rechtwinkelige Knie- und Hüftposition bringen. Den Oberkörper wie in Übung 1 langsam aufrollen.
Endstellung: siehe Foto. Langsam wieder zurückrollen.

Übung 3: Kräftigung der Rückenmuskulatur der oberen und mittleren BWS, der Arm-, Gesäß- und Beinmuskulatur (Untrainierte)

Ausgangslage: Sitz mit gebeugten Beinen und nach rückwärts abgestützten Armen.
Bewegung: das Becken bis zur waagrechten Position anheben. Die Schulterblätter werden während der Übungsausführung zusammengepreßt.
Endstellung: siehe Foto. Langsam das Becken wieder senken.

Übung 4: Kräftigung der rückwärtigen Schulterblattfixatoren, der Rückenstrecker der BWS, der Arm-, Gesäß- und Beinmuskulatur (Fortgeschrittene)

Ausgangslage: Sitz mit gestreckten Beinen und nach rückwärts abgestützten Armen.
Bewegung: das Becken anheben, damit es mit den Füßen und Schultern in einer Ebene liegt. Die Schulterblätter und die Gesäßmuskeln werden während der Übungsausführung zusammengepreßt.
Endstellung: siehe Foto. Langsam das Becken wieder senken.

Übung 5: Kräftigung der thorakalen Rückenstrecker, der Arm- und Schulterblattmuskulatur (Untrainierte und Fortgeschrittene)

Ausgangslage: Sitz mit dem Gesäß auf den Fersen, die Stirn berührt den Boden (Kauerstellung). Die Arme liegen seitlich neben den Unterschenkeln.
Bewegung: den Oberkörper langsam in eine waagrechte Position bewegen und die Arme seitlich ausstrecken.
Endstellung: siehe Foto. Achtung: Der Rücken muß so flach wie möglich sein! Mit den Augen zu den Knien blicken! Sich langsam wieder in die Ausgangslage zurückbewegen.

Übung 6: Kräftigung der großen, mittleren und kleinen Gesäßmuskeln, der lateralen Oberschenkel- und Hüftmuskulatur (Untrainierte und Fortgeschrittene)

Ausgangslage: siehe Foto 6a. Der Oberkörper muß während der Übungsausführung eingerollt sein.
Bewegung: langsam das gestreckte Bein bis 90° zurückbewegen.
Endstellung: siehe Foto 6b. Achtung: Die Fußspitze muß nach unten zeigen!

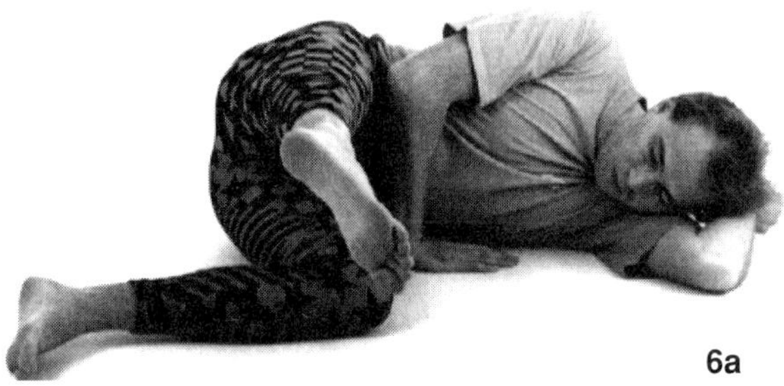

6a

6b

Übung 7: Kräftigung der großen Gesäßmuskulatur, der Arm-, Schulter-, Rücken- und Beinmuskulatur (Fortgeschrittene)

Ausgangslage: siehe Foto 7a.
Bewegung: ein Bein bis 45° anheben.
Endstellung: siehe Foto 7b.

7a

7b

Dehnung

Übung 8: Dehnung der lumbalen Rückenstrecker (Untrainierte und Fortgeschrittene)

Ausgangslage: Rückenlage mit rechtem Kniewinkel.
Bewegung: die LWS fest auf den Boden drücken. Danach beide Knie mit den Händen zum Oberkörper drücken und gleichzeitig den Kopf bis zu den Knien anheben.
Endstellung: siehe Foto.

Übung 9: Dehnung der ischiocruralen Muskulatur (Untrainierte)

Ausgangslage: Rückenlage mit rechtem Kniewinkel.
Bewegung: ein Bein gestreckt nach oben bewegen und mit beiden Händen an der Wade halten.
Endstellung: siehe Foto; langsam das gestreckte Bein mit den Händen zum Oberkörper ziehen, bis ein deutlich spürbarer Dehneffekt eintritt.

Übung 10: Dehnung der ischiocruralen Muskulatur (Fortgeschrittene)

Ausgangslage: Rückenlage mit rechtem Kniewinkel.
Bewegung: ein Bein gestreckt nach oben bewegen und mit beiden Händen an der Wade halten. Das andere Bein wird gleichzeitig am Boden gestreckt.
Endstellung: siehe Foto; langsam das gestreckte Bein mit den Händen zum Oberkörper ziehen, bis ein deutlich spürbarer Dehneffekt eintritt. Variation: Der Kopf kann am Boden liegen bleiben, die Übung wird aber dadurch erschwert.

Übung 11: Dehnung der Muskulatur auf der Oberschenkelvorderseite (Untrainierte und Fortgeschrittene)

Ausgangslage: siehe Foto 11a; der Oberkörper muß während der Übungsausführung eingerollt sein.
Bewegung: das obere Bein mit der Hand am Fußgelenk langsam nach rückwärts bewegen, die Ferse sollte das Gesäß berühren.
Endstellung: siehe Foto 11b; das Bein mit der Hand so weit zurückbewegen, bis ein deutlich spürbarer Dehneffekt eintritt.

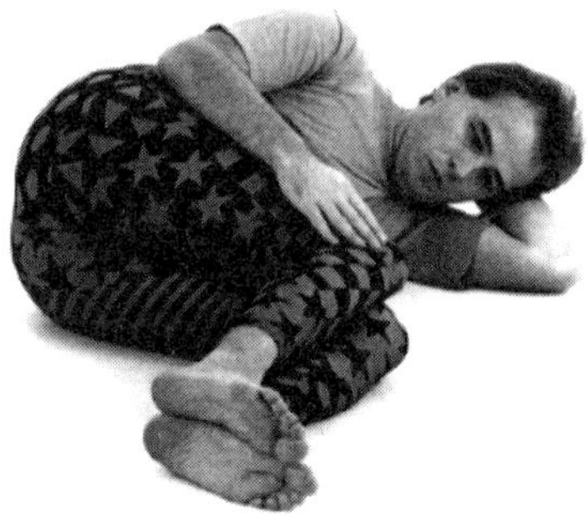

11a

11b

Übung 12: Dehnung der Hüftbeugemuskulatur (Untrainierte und Fortgeschrittene)

Ausgangslage: mit einem Fuß und mit beiden Händen stützt man sich an einem Sessel ab. Das zweite Bein wird nach hinten gestellt.
Bewegung: das Becken wird mit dem Oberkörper in Richtung des Sessels bewegt.
Endstellung: siehe Foto; die Bewegung des Beckens und des Oberkörpers nach vorne muß einen deutlich spürbaren Dehneffekt im Leistenbereich des nach hinten gestreckten Beines auslösen.

Übung 13: Dehnung der Wadenmuskulatur (Untrainierte und Fortgeschrittene)

Ausgangslage: In Schrittstellung stützt man sich an einer Sessellehne ab.
Bewegung: Das Becken wird mit dem Oberkörper in Richtung des Sessels bewegt. Die Ferse des nach hinten gestreckten Beines muß am Boden bleiben!
Endstellung: siehe Foto; in der Wade des nach hinten gestreckten Beines muß ein spürbarer Dehneffekt eintreten.

Übung 14: Dehnung der Nackenmuskulatur und des cervikalen Rückenstreckers (Untrainierte und Fortgeschrittene)

Ausgangslage: Schneidersitz mit aufrechtem Oberkörper, der Rükken muß gerade sein.
Bewegung: langsam den Kopf neigen und das Kinn zum Oberkörper drücken.
Endstellung: siehe Foto; der Dehneffekt muß im Nackenbereich spürbar sein.

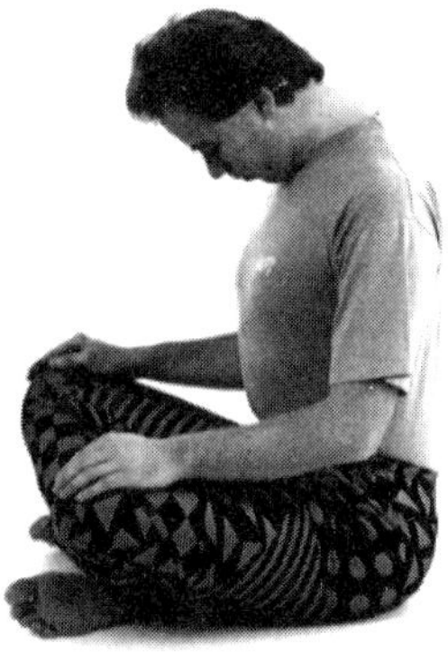

Übung 15: Dehnung der Trapeziusmuskulatur (Untrainierte und Fortgeschrittene)

Ausgangslage: Sitz auf einem Sessel mit aufrechtem Oberkörper.
Bewegung: langsam den Kopf zur rechten/linken Seite neigen und den linken/rechten Arm leicht nach unten drücken.
Endstellung: siehe Foto; der Dehneffekt muß im seitlichen Nakkenbereich spürbar sein.

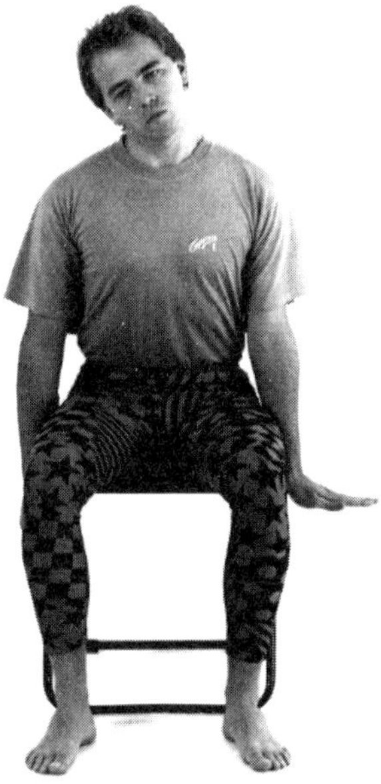

Mobilisation

Übung 16: Mobilisation der Lendenwirbelsäule, der unteren Brustwirbelsäule und Entspannung der Nacken- und Trapeziusmuskulatur (Untrainierte und Fortgeschrittene)

Ausgangslage: siehe Foto 16a.
Bewegung: langsam den unteren Rückenbereich hochdrücken und den Kopf locker hängen lassen. Zwei Drittel des Körpergewichtes müssen während der Übung auf den Knien verbleiben.
Endstellung: siehe Foto 16b.

16a

16b

Übung 17: Mobilisation der Brust- und Halswirbelsäule (Untrainierte und Fortgeschrittene)

Ausgangslage: siehe Foto 17a.
Bewegung: langsam das Brustbein nach vorne schieben und das Kinn zum Oberkörper drücken.
Endstellung: Siehe Foto 17b.

17a

17b

Asymmetrisches Training

Übung 18: Asymmetrische Mobilisation der linkskonvexen Wirbelsäule und Dehnung der rechten Rumpfseite (Untrainierte und Fortgeschrittene)

Ausgangslage: aufrechter Stand mit rechtem hochgestreckten Arm.
Bewegung: langsam den rechten Arm nach oben strecken.
Endstellung: siehe Foto. Achtung: Die Gesäßmuskeln während der Übung fest zusammenpressen!

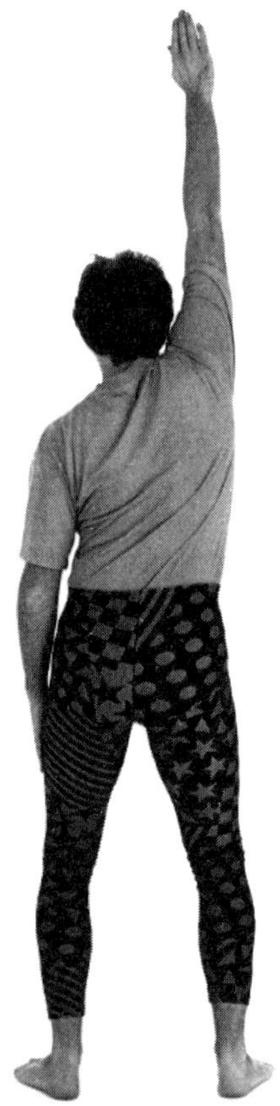

Übung 19: Asymmetrische Mobilisation der linkskonvexen Brust- und Lendenwirbelsäule mit Dehnung der rechten Rumpfseite und Entspannung der Nackenmuskulatur (Fortgeschrittene)

Ausgangslage: siehe Foto 19a; Achtung: Das rechte Knie eher nach hinten und den rechten Ellenbogen eher nach vorne stellen!
Bewegung: langsam den unteren Rückenbereich hochdrücken und den Kopf locker hängen lassen.
Endstellung: sichc Foto 19b.

19a

19b

DIE KORREKTIVEN ÜBUNGEN

Kräftigung

Übung 20: Isometrische Kräftigung der Bauch- und Gesäßmuskulatur mit Beckenmobilisation (Untrainierte und Fortgeschrittene)

Ausgangslage: Rückenlage mit rechtem Kniewinkel.
Bewegung: die LWS auf den Boden drücken und die Bauch- und Gesäßmuskulatur 5 bis 8 sec. anspannen.
Endstellung: siehe Foto.

Übung 21: Kräftigung der Gesäß- und lateralen Oberschenkelmuskulatur (Untrainierte und Fortgeschrittene)

Ausgangslage: Seitenlage mit eingerolltem Oberkörper und rechtem Knie- und Hüftwinkel.
Bewegung: das obere Bein langsam heben und senken.
Endstellung: siehe Foto.

Dehnung

Übung 22: Dehnung der lumbalen Rückenstrecker und Entspannung der Lendenwirbelsäule (Untrainierte und Fortgeschrittene)

Ausgangslage: Rückenlage mit rechtem Kniewinkel.
Bewegung: Die LWS fest gegen den Boden drücken. Die Knie werden einzeln langsam zum Oberkörper geführt und durch die Hände fixiert.
Endstellung: siehe Foto.

Übung 23: Dehnung der Hüftbeuger und Beckenmobilisation (Untrainierte und Fortgeschrittene)

Ausgangslage: Rückenlage mit rechtem Kniewinkel.
Bewegung: die LWS fest gegen den Boden drücken. Ein Knie mit den Händen am Oberkörper fixieren und das andere Bein ausstrecken.
Endstellung: siehe Foto.

Mobilisation

Übung 24: Mobilisation der Lendenwirbelsäule, der unteren Brustwirbelsäule und Entspannung der Nacken- und Trapeziusmuskulatur (Untrainierte und Fortgeschrittene)

Gleiche Übungsausführung wie bei Übung 16!

Übung 25: Mobilisation der Wirbelsäule und Dehnung der thorakalen und lumbalen Rückenstrecker (Untrainierte und Fortgeschrittene)

Ausgangslage: Kauerstellung (siehe Foto).
Bewegung: ruhig und ganz entspannt in der Kauerstellung bleiben.
Endstellung: siehe Foto.

Übung 26: Passive Mobilisation der Lendenwirbelsäule und passive Dehnung der lumbalen Rückenstrecker (Untrainierte und Fortgeschrittene)

Diese Übung wird mit dem Lumbal-Mobilisator, einem Gerät zur konservativen Behandlung von akuten und chronischen Kreuz- und Bandscheibenbeschwerden, durchgeführt.

Ausgangslage: siehe Foto; es ist darauf zu achten, daß sich die Oberschenkel in senkrechter Position befinden und das Becken 20 bis 30 cm vom Boden entfernt ist.
Bewegung: ruhig und entspannt das Becken hängen lassen.
Endstellung: siehe Foto; zwischen 10 und 20 Minuten in der Hängeposition verbleiben.

DIE LEISTUNGSOPTIMIERENDEN ÜBUNGEN

Krafttraining

Nur für Fortgeschrittene! Zu den Ausführungsvarianten für allgemeines und spezielles Krafttraining siehe S. 53–59.
Aus Gründen der Leistungsoptimierung sind Gewichtsmanschetten und Kurzhanteln zu verwenden.

Übung 27: Kräftigung der geraden Bauch- und Beinmuskulatur

Ausgangslage: Rückenlage mit angehobenen Beinen mit 90°igem Knie- und Hüftwinkel.
Bewegung: die LWS gegen den Boden drücken. Den Oberkörper mit nach oben gestreckten Armen aufrollen.
Endstellung: siehe Foto.

Übung 28: Kräftigung der Gesäßmuskulatur, der lateralen Oberschenkelmuskulatur und Hüftmuskulatur

Gleiche Übungsausführung wie bei Übung 6!

Übung 29: Kräftigung der großen Gesäßmuskulatur, der Arm-, Schulter-, Rücken- und Beinmuskulatur

Gleiche Übungsausführung wie bei Übung 7!

Übung 30: Kräftigung der thorakalen Rückenstrecker, der Arm- und Schulterblattmuskulatur

Leistungsstufe 1: gleiche Übungsausführung wie bei Übung 5!
Leistungsstufe 2: gleiche Übungsausführung wie bei Übung 5, nur die Arme werden nach vorne hochgehoben (ohne Gewicht).
Endstellung: siehe Foto.
Leistungsstufe 3: gleiche Übungsausführung wie Übung 5, aber mit Gewicht.

Übung 31: Kräftigung der Tricepsmuskulatur, der Schulterblattfixatoren und der thorakalen Rückenstrecker

Ausgangslage: Bauchlage, die Stirn liegt am Boden auf.
Bewegung: beide Arme werden gleichzeitig gestreckt hochgehoben.
Endstellung: siehe Foto; die Arme müssen parallel zueinander sein.

Übung 32: Funktionsübergreifende Kräftigung der Arm-, Schulter-, Rücken-, Rumpf-, Gesäß-, Bein- und Fußmuskulatur

Ausgangslage: knieende Bankstellung mit nach innen weisenden Handflächen.
Bewegung: beide Knie ca. 20 cm anheben und gleichzeitig die Arme beugen.
Endstellung: siehe Foto.
Leistungsstufe 1 (isometrische Variante): in der Endstellung 5 bis 10 sec. verbleiben, danach in die Ausgangslage zurück; 3 bis 5 sec. Pause; 5 bis 8 Wiederholungen.
Leistungsstufe 2 (dynamische Variante): aus der Endstellung zuerst die Arme strecken und dann die Knie am Boden absetzen.
Leistungsstufe 3: aus der Endstellung die Arme strecken und wieder beugen.

Schnellkrafttraining

Übung 33: Schnellkrafttraining der linken Körperseite und des linken Armes

Ausgangsstellung: Golf-Ansprechposition, die rechte Hand auf die LWS legen, den Schläger verkehrt unterhalb des Schlägerkopfes mit der linken Hand halten. Das Griffende muß mindestens 5 cm vom Boden entfernt sein.
Bewegung 1: den Schläger aufschwingen.
Endstellung 1: siehe Foto 33a (Ende des Aufschwunges).
Bewegung 2: Der linke Arm wird 2- bis 3mal mit maximalem Tempo bis zum Treffmoment bewegt, ohne einen anderen Körperteil mitzubewegen!
Endstellung 2: Möchte der Golfer seinen Slice abstellen, sollte er zur Endstellung wie auf Foto 33b hinschwingen.
Endstellung 3: Möchte der Golfer seinen Hook abstellen, sollte er zur Endstellung wie auf Foto 33c hinschwingen.

Beim dritten oder vierten Mal reagiert der Körper mit einer runden und synchronen Körperdrehung auf den explosiven Armschwung: Der Golfer führt einen vollständigen Golfschwung aus. Diese Reaktion ist im klassischen und modernen Golfschwung aus zwei verschiedenen Gründen von Bedeutung:

1. Der Golfer trainiert die Reaktionsschnelligkeit des Körpers auf das tempobewußte, aktive Schwingen des Armes. Er automatisiert damit optimal seinen Bewegungsablauf.
2. Der Golfer trainiert zusätzlich die Automatisierung der Reaktionsschnelligkeit des Armes durch ein aktives Schwingen dieses Armes über einen längeren Zeitraum.

KONTRÄRE METHODIK

Variante 1:

Endstellung 1: die Position 5 bis 8 sec. halten.
Bewegung 3: zur Ausgangsstellung zurückkehren.
Bewegung 4: rhythmischer Golfschwung mit hohem Tempo.

Variante 2:

Endstellung 1: die Position 5 bis 8 sec. halten.
Bewegung 5: wie Bewegung 2.
Endstellung 4: wie Endstellung 2 oder 3, danach erfolgt ein rhythmischer Golfschwung mit hohem Tempo.

33a

33b

33c

Variante 1:

Endstellung 1: in dieser Position 5 bis 8 sec. mit der linken Schulter aktiv wippen.
Bewegung 6: wie Bewegung 3.
Bewegung 7: wie Bewegung 4.

Variante 2:

Endstellung 1: in dieser Position 5 bis 8 sec. mit der linken Schulter aktiv wippen.
Bewegung 8: wie Bewegung 2.
Endstellung 5: wie Endstellung 2 oder 3, danach erfolgt ein rhythmischer Golfschwung mit hohem Tempo.
Achtung: Es ist wichtig, den Arm beim Hinunterschwingen nah am Körper zu lassen. So entsteht das Gefühl dafür, daß der Arm mit dem Schläger von innen nach außen zum Ball schwingt.
Da im Golfsport weder eine Körperhälfte noch ein Arm dominieren sollte, müssen auch die rechte Körperseite und der rechte Arm identisch schnellkräftigend trainiert werden (siehe Übung 36).
Fast jeder Golfer hat eine dominierende Körperseite. Folglich muß er die schwächere Seite öfters trainieren, damit beide Körperseiten ausbalanciert bleiben.

Beweglichkeitstraining

Übung 34: Beweglichkeitstraining für den Aufschwung

Ausgangsstellung: Golf-Ansprechposition, die rechte Hand greift zum linken Ellenbogen, der linke Arm ist gebeugt.
Bewegung: Aufschwungbewegung, die rechte Hand drückt den linken Oberarm so weit wie möglich zurück.
Endstellung: siehe Foto; ein spürbarer Dehneffekt tritt im Bereich der linken Schulter und des Rückens auf. Achtung: Die Übung muß technisch korrekt ausgeführt werden!
Methodik: siehe S. 66; kein ballistic (wippendes) stretching! Unter Anspannung versteht man hier, daß in der Endstellung der linke Ellenbogen gegen die rechte Hand drückt. Während dieser Anspannungszeit wird die Endstellung beibehalten.

Gewandtheitstraining (Drill)

Übung 35: Koordinationsablauf der Körperrotation

Ausgangsstellung: Golf-Ansprechposition, ein Schläger wird rückwärts im Handgelenksbereich gehalten.
Bewegung: siehe Fotos 35a und 35b; rhythmische Ganzkörperdrehungen, langsam beginnend und sich bis zum normalen Schwungtempo steigernd.
Dauer: als Drill: 15- bis 30mal, 1 Minute Pause, 1 bis 3 Wiederholungen, oder nur so lange, bis Ermüdung eintritt.
Als Aufwärmübung: in der Endphase 10- bis 25mal (je nach individuellem Empfinden).

35a

35b

Übung 36: Koordinationsablauf der rechten Körperseite und des rechten Armes

Diese Übung ist auch ein Schnellkrafttraining für die rechte Körperseite (gleiche Vorgangsweise wie bei Übung 33). Speziell die Verschmelzung von Schnelligkeit und Schnellkraft erfordert bei den weit geschlagenen Schlägen ein hohes Maß an Koordination, damit die Drehschwungbewegung technisch korrekt ausgeführt wird.
Ausgangsstellung: Golf-Ansprechposition, die linke Hand hängt locker vor dem Körper, aber 5 cm weiter vorne als normalerweise. Der Schläger wird verkehrt unterhalb des Schlägerkopfes mit der rechten Hand gehalten. Das Griffende muß mindestens 5 cm vom Boden entfernt sein.
Bewegung: analoge Vorgangsweise zu Übung 33.
Endstellungen: siehe Fotos 36a und 36b.
Bemerkungen: Bei der Ausführung der Übungen 33 und 36 ist darauf zu achten, daß der Schwunggedanke sich bei der Übung 33 auf die linke Körperseite und bei der Übung 36 auf die rechte Körperseite konzentriert.
Wir möchten nochmals darauf aufmerksam machen, daß sämtliche Gewandtheitsübungen technisch absolut korrekt auszuführen sind. Eine regelmäßige Kontrolle durch einen Golflehrer ist unbedingt anzuraten, damit sich keine fatalen Ausgleichsbewegungen einschleichen!

36a

36b

Übung 37: Gleichgewichtsschulung und Schlägerkopfkontrolle

Ausgangsstellung: Golf-Ansprechposition, mit einem Wedge auf dem linken Bein stehend, beide Knie sind fest geschlossen, und die rechte Fußspitze wird ca. 20 bis 30 cm hinter dem linken Fuß aufgesetzt. Der Ball liegt auf der Höhe des Körperschwerpunkts, d. h. in diesem Fall genau vor der linken Fußspitze.

Bewegung: siehe Fotos 37a (Ende des Aufschwunges) und 37b (Ende des Durchschwunges). Die Betonung liegt auf Balance und Rhythmus. Das Schwungtempo sollte zwischendurch öfters variiert werden.

37a

37b

Übung 38: Die Regenschirme-Pitch-Übung als Training des Ballgefühls und der intuitiven Abschätzung von kürzeren Distanzen

Ausgangsstellung: offener Pitch-Stand mit offenem Schlägerkopf auf das jeweilige Ziel (Regenschirm) ausgerichtet.
Bewegung: siehe Foto; kurze Pitch-Schläge. Jedesmal einen Ball in einen anderen Schirm pitchen.

Aufwärmen

Übung 39: Aufwärmen der Arme und Schultern

Ausgangsstellung: aufrechter Stand mit leicht gebeugten Beinen. Die Gesäßmuskeln während der Übung fest zusammenpressen.
Bewegung: siehe Foto; mit waagrecht gehaltenem Schläger vor dem Oberkörper mit mittlerem Tempo kreisen.
Dauer: 15- bis 30mal in beide Richtungen.

Übung 40: Aufwärmen für die Schulter- und Wirbelgelenke

Ausgangsstellung: aufrechter Stand mit leicht gebeugten Beinen. Die Gesäßmuskeln während der Übung fest zusammenpressen.
Bewegung: siehe Foto; beide Arme so hoch wie möglich strecken und mit dem Schlägerkopf die Wirbelsäule berühren.
Dauer: 5- bis 10mal, die Endstellung 4 bis 5 sec. halten.

Übung 41: Aufwämen durch Dehnung der seitlichen Rumpfmuskulatur

Ausgangsstellung: wie Übung 40.
Bewegung: beide Arme abwechselnd nach rechts und links bewegen. Der nach unten gerichtete Arm zieht mit dem Schläger den anderen Arm über den Kopf.
Endstellung: siehe Foto; das Becken darf sich nicht zur Seite neigen.

Übung 42: Aufwärmen durch Schwingen in einer horizontalen Ebene (Baseball-Schwung)

Ausgangsstellung: siehe Foto 42a
Bewegung: siehe Foto 42b; Golfschwünge in horizontaler Ebene mit sich steigerndem Tempo.

Weitere Aufwärmübungen für die Endphase sind die Übungen 33 und 36.

42a

42b

Mentales Training

Übung 43: Entspannungsstellung

Ausgangslage: siehe Foto

Diese Entspannungsposition sollte beim Hören von Musik, beim kontrollierten Atmen, bei der Visualisierung und bei der Autosuggestion angewandt werden (siehe S. 71).

UNFUNKTIONELLE ÜBUNGEN:
Wie man es *nicht* machen sollte

Hier handelt es sich um traditionelle Übungen, die Wirbelsäulen- und Gelenksbeschwerden sowie Muskelverletzungen hervorrufen können. Bereits bestehende Kreuz- oder Nackenschmerzen werden durch unfunktionelle Übungen zusätzlich verstärkt. Die sieben angeführten Beispiele sollen die Problematik näher aufzeigen.

Beispiel 1: Schwingen mit mehreren Schlägern

Schädigung: Überbelastung der Hand- und Wirbelgelenke, Bänder, Sehnen und Muskulatur.

Beispiel 2: Rumpfvorbeuge

Schädigung: Überbelastung der LWS und HWS, Überdehnung des hinteren Längsbandes, Kompressionsschädigungen der Wirbelkörper.

Beispiel 3: Wippende Streckung ins Hohlkreuz

Schädigung: Überbelastung von LWS und HWS, Kompressionsbelastungen führen zur Schädigung der Zwischenwirbelscheiben, Hyperlordosierung führt zu einer extremen Verkürzung und Verkrampfung der lumbalen Rükkenstrecker.

Beispiel 4: Schwungvolle Rumpfvorbeuge mit Rotation

Schädigung: Die Wirbelkörper der LWS werden zu unphysiologischen Rotationsbewegungen gezwungen, Überdehnung des rückwärtigen Längsbandes und des seitlichen lumbalen Bandsystems. Überbelastung der HWS-Strukturen.

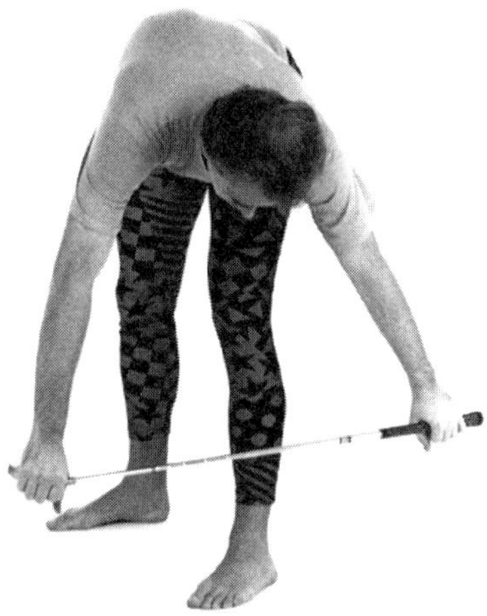

Beispiel 5: Windmühle

Schädigung: Wie Beispiel 4, nur wird die HWS durch die Dynamik der Übung noch stärker belastet.

Beispiel 6: Bauchwippe

Schädigung: Extreme Überbelastungen der LWS und des lumbo-sakralen Überganges, Kompressionsschädigungen der Wirbelkörper der LWS, Verkürzung und Verkrampfung der lumbalen Rückenstrecker.

Beispiel 7: Kerze

Schädigung: Überbelastung des cervico-thorakalen Überganges.

DIE AUTOREN

Alex Graas, B. A., geb. 1953 in Basel. Luxemburger National Team bei den *European Team Championships* in Irland, Dänemark, Schottland, Frankreich; University of Florida Golf Team. 1985 Professional, 1988 Golf Assistant des National Junior Teams (A) mit Keith Preston. 1990 Diplomgolflehrer (APGA) im Golfclub Donnerskirchen.

Mag. Herbert Wiesenhofer, geb. 1959 in Peggau, Steiermark. Sportwissenschaftler, Sporttherapeut, Fachgebiet Motodiagnostik und Mototherapie, seit 1987 Leiter der Sportwissenschaftlichen Fachpraxis für Prävention und Rehabilitation in Zusammenarbeit mit dem Ambulatorium für Physikalische Medizin, Graz.

GLOSSAR

Abduktion (das Bein) abspreizen

Adduktion (das Bein) heranziehen

Ansprechposition Haltung des Golfers vor dem Schwung

arterio-venöse Sauerstoffdifferenz Unterschied des Sauerstoffgehaltes zwischen venösem und arteriellem Blut

Blutvolumen die Blutmenge des Menschen

BWS Brustwirbelsäule

cervikal die Halswirbelsäule betreffend

Diffusion Stoffaustausch

Dysbalancen Muskuläre Ungleichgewichte, z. B. Hohlkreuzstellung

fade leicht nach rechts abdriftende Flugbahn des Balles (Gegenteil: „draw")

Finish Endphase der Schwungbewegung

Glucose Blutzucker

Glykogen Speicherform der Glucose in Leber und Muskeln

heel Ferse des Schlägerkopfes

Herzzeitminutenvolumen das Blutvolumen, das pro Minute vom Herzen ausgeworfen wird

hook Ball, dessen Flugbahn zuerst nach rechts abdriftet und dann links am Ziel vorbeigeht (Gegenteil: „slice")

HWS Halswirbelsäule

Hyperlordose verstärkte Krümmung der HWS oder LWS

intermuskuläre Koordination Zusammenarbeit verschiedener Muskeln

intramuskuläre Koordination Zusammenarbeit verschiedener Muskelfasern in einem Muskel

ischiocrurale Muskulatur Muskeln für die Kniegelenksbeugung

LWS Lendenwirbelsäule

lumbal die Lendenwirbelsäule betreffend

M. triceps der Oberarmstrecker

Myoglobin roter Muskelfarbstoff

Peristaltik Zusammenziehen der Magen- und Darmwände für den Weitertransport

PW (pitching wedge) 10er-Eisen

Release Ausschwingen nach dem Treffmoment

reverse C LWS-Hyperlordosierung beim Ausschwingen

sakral das Kreuzbein betreffend

Schwunggedanke mentales Bild eines Elementes des Bewegungsablaufes

slice links-rechte Flugbahn (Gegenteil: „hook")

Synergisten Muskeln, die die gleiche Arbeit verrichten

thorakal die Brustwirbelsäule betreffend

toe Spitze des Schlägerkopfes

Trainingsformen Maßnahmen, um die motorischen Grundeigenschaften wie Kraft, Schnellkraft, Ausdauer, Gewandtheit etc. zu verbessern

Trapezmuskel (M. trapezius) Kapuzenmuskel

Ventilation Bewegung der Atemluft in Mund-, Nasenraum und Lunge

LITERATURHINWEISE

BLUM, B.; WÖLLZENMÜLLER, F.: Stretching: Bessere Leistungen in allen Sportarten. Oberhaching 1985.

BÜHRLE, M.: Grundlagen des Maximal- und Schnellkrafttrainings. Verlag Karl Hofmann, Schorndorf 1985.

EHLENZ, H., u. a.: Krafttraining. 3. Aufl. München, Wien, Zürich: BLV Verlagsgesellschaft 1987.

FALLER, A.: Der Körper des Menschen. 9. Aufl. Stuttgart, New York: Thieme 1980.

FREIWALD, J.: Prävention und Rehabilitation im Sport. Reinbek bei Hamburg 1989.

GROSSER, M.: Konditionstraining. 4. Aufl. München, Wien, Zürich: BLV Verlagsgesellschaft 1987.

HOLLMANN, W.; HETTINGER, Th.: Sportmedizin – Arbeits- und Trainingsgrundlagen. 2. Aufl. Stuttgart, New York 1980.

KNEBEL, K.-P., u. a.: Tennis Funktionsgymnastik. Reinbek bei Hamburg 1988.

KNEBEL, K.-P.: Funktionsgymnastik. Reinbek bei Hamburg 1985.

LETZELTER, M.: Trainingsgrundlagen. Reinbek bei Hamburg 1978.

PETERSON, L; RENSTRÖM, P.: Verletzungen im Sport. 2. Aufl. Deutscher Ärzte-Verlag Köln 1987.

RIZZI, M.: Die menschliche Haltung und die Wirbelsäule. Stuttgart: Hippokrates Verlag 1979.

SILBERNAGL, S.; DESPOPOULOS, A.: Atlas der Physiologie. Deutscher Taschenbuch Verlag 1983.

SYER,J.; CONNOLLY, C.: Psychotraining für Sportler. Reinbek bei Hamburg 1987.

WEINECK, J.: Sportanatomie. 3.Aufl., Erlangen: perimedFachbuch-Verlagsgesellschaft 1983.

ZINTL, F.: Ausdauertraining. München, Wien, Zürich: BLV Verlagsgesellschaft 1988.

STICHWORTREGISTER

BEWEGUNG IST LEBEN

Der Anspruch an das Leben ist ein Anspruch an uns selbst.

Schon lange ist klar, daß persönliches Wohlbefinden

eine Voraussetzung für den Erfolg ist.

Dieses „Wohlfühl"-Buch ist Ernährungsfibel und

Schönheits-Ratgeber in einem.

Damit Sie Ihre guten Vorsätze schon jetzt in die Tat umsetzen können.

Bewegung ist Leben
176 Seiten
230 Farb-Abbildungen
14,5 x 22 cm
ISBN 3-7015-0179-3